Einmal
rundherum

Cornelia Ziegler

Einmal rundherum

Ein Lesebuch für München und das Umland

emons:

Bibliografische Information der Deutschen Nationalbibliothek
Die Deutsche Nationalbibliothek verzeichnet diese Publikation in
der Deutschen Nationalbibliografie; detaillierte bibliografische Daten
sind im Internet über http://dnb.d-nb.de abrufbar.

© 2015 Emons Verlag GmbH
Alle Rechte vorbehalten
Satz und Gestaltung: Silke Nalbach, Mannheim
Umschlaggestaltung: Stefan Schmid, Stuttgart

Druck und Bindung: B.O.S.S Medien GmbH, Goch

ISBN 978-3-95451-519-6

Unser Newsletter informiert Sie
regelmäßig über Neues von emons:
Kostenlos bestellen unter
www.emons-verlag.de

Inhalt

Ein paar Worte vor den weiteren Worten	6
Wasser des Lebens	8
Großkopfert	42
Flanieren und Entdecken	82
Reif für die Insel	103
Wo die Schiffe stehen	121
Diesseits vom Jenseits	136
Dunkle Zeiten	152
Ahnungsvolles	178
Und ewig lockt die Sünde	199
Bildnachweis	224

Ein paar Worte vor den weiteren Worten

IN DIESEM BUCH steht vieles drin, was in kaum einem anderen Münchenbuch steht. Zwar erzählt es auch vom Oktoberfest, von Karl Valentin, von König Ludwig II. und von allem, was untrennbar zu München gehört, aber immer auf ungewöhnliche Weise, immer mit dem Blick aufs Unbekannte und oft mit einer Prise Humor. Es gibt das, was offensichtlich ist, das, was sich dem Auge zeigt. Und es gibt das, was sich dahinter verbirgt, was sich Herz und Verstand offenbart. Auch davon ist die Rede, vom Schwimmbad, das eine Kirche ist, für den, der genauer hinschaut. Und vom Bild vom Einzug des neuen Königs von Griechenland, das aufgebaut ist wie eine klassische Krippe, aber doch eine historische Szene zeigt. Und dann gibt es noch einen verborgenen Kultplatz, umstanden von Linden – ein Kraftort in meinem Münchner Lieblingspark, dem Westpark, von dem in diesem Buch auch die Rede ist.

Seit vielen Jahren bin ich Autorin von Reiseführern und Stadtführerin in München und stets zu Fuß in der Stadt unterwegs. Auf einer meiner Führungen auf den Spuren von Kaiserin Elisabeth von Österreich unterhielten sich zwei mittelalte Männer über die Frage, wie Lola Montez, die angeblich spanische Femme fatale, König Ludwig I. so den Verstand rauben konnte. Nun, sie hat ihm denselbigen nicht geraubt, sie hat ihn halt nur eine Etage tiefer rutschen lassen. Wie sie das gemacht hat, steht im Kapitel »Und ewig lockt die Sünde«. In diesem Kapitel geht es ja viel um den Unterschied zwischen Mann und Frau. Aber hat einmal einer untersucht, was die Menschen, die kultivierten, wirklich voneinander unterscheidet? Hat das denn einmal jemand thematisiert, dass es Toilettenleser und Nichttoilettenleser gibt? Wie König Ludwig II., der Märchenkönig, der König der Könige, der auf seinem Schloss Neuschwanstein einen Thron nebst Bücherablage besaß, der lange vor der Welt verborgen wurde, bis ein neuer Kastellan vor zwei Jahren die Tür aufsperren ließ zum königlichen Thron. Ich als glühende Anhängerin des Kini – und bekennende Toilettenleserin – habe mich gefragt: Gibt es denn heute noch beeindruckende Kabäuschen, wo auch der Kaiser zu Fuß hinging? Es gibt sie – im Kapitel »Wasser des Lebens« habe ich meine Münchner Lieblingstoiletten aufgeführt.

Man trifft mich aber nicht nur auf Toilettenrecherche an, sondern auch auf einem der Münchner Friedhöfe. Da gehe ich nämlich auch ausgesprochen gerne hin, immer auf den Spuren einer »meiner« Majestäten, die da wären König Ludwig II., Kaiserin Sisi und König Otto von Griechenland. Alle drei kommen natürlich in diesem Buch vor. Welche andere Stadt kann sich mit einem König der Könige, mit einer Kaiserin, von der viele in China träumen, und einem der kuriosesten Königskapitel der europäischen Geschichte schmücken?

Auf meiner Visitenkarte steht »Das Überflüssige ist das Notwendige«. Voltaire hat diesen gescheiten Satz gesagt. Und mir ist er zum Lebensmotto geworden. Viel Spaß beim Lesen und beim Entdecken der Münchner »Überflüssigkeiten«.

Ihre Cornelia Ziegler

Wasser des Lebens

HOCHGEEHRT. DURCHQUERT. RUNTERGESPÜLT.

Alles ist im Fluss. Die Isar, das Leben und das Bier fließen angenehm gleichmäßig, aber nie langweilig. »Bayern, dass samma mir« und »Bayern und das bayerische Bier«, singt Haindling, und wir sind wir. *Panta rhei* – alles fließt, so sagte der alte Grieche, und der ist ja auch in München daheim. Oder – Ihre Majestät Ludwig I.?

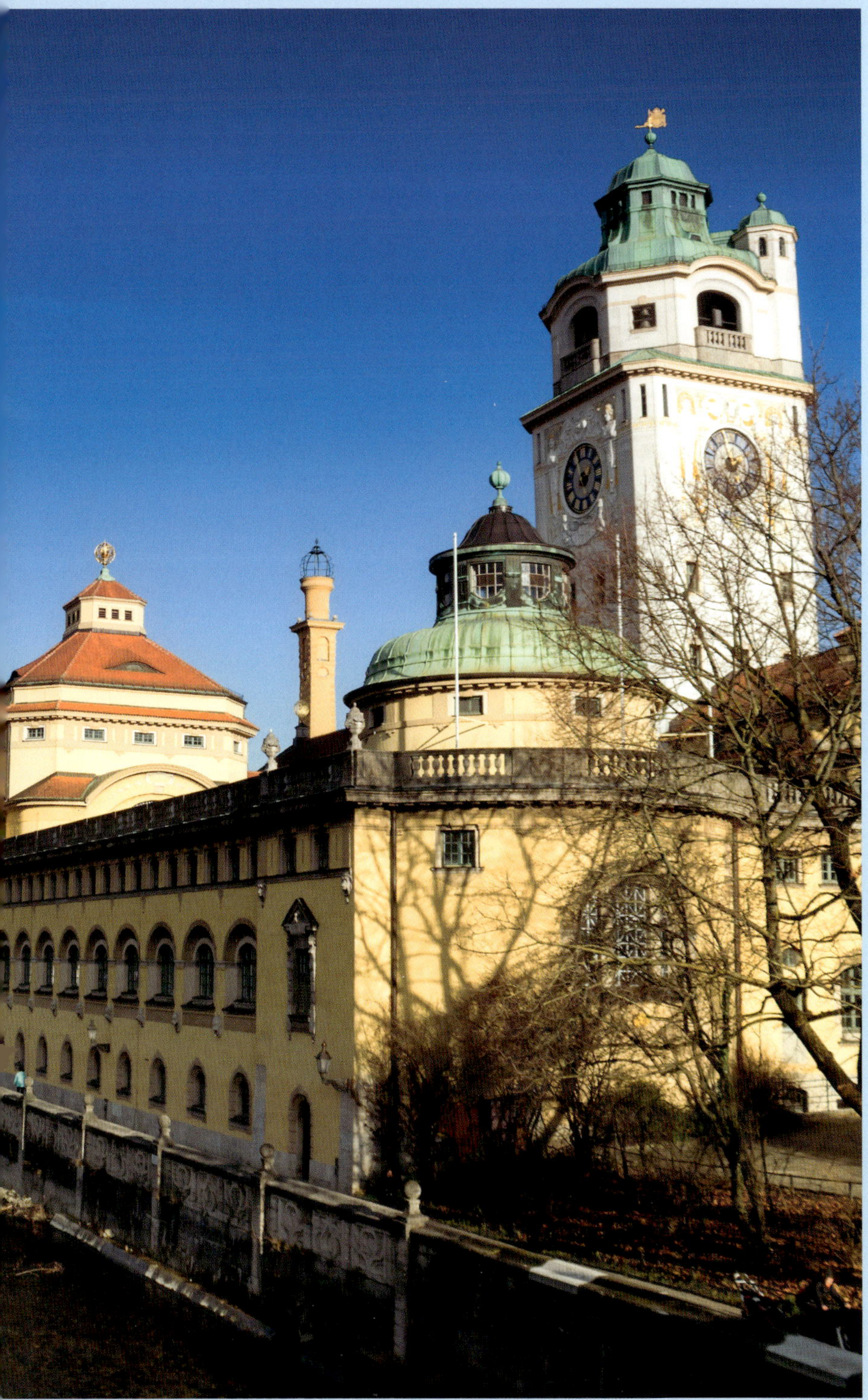

Ein Gotteshaus
für das Lebenswasser

BAD, BAROCK, JUGENDSTIL – all das ist bekannt über Münchens schönstes Bad, das gar als eines der allerschönsten Europas gilt. Sein Architekt war Carl Hocheder, von dem im Folgenden noch einmal die Rede sein wird. Dabei ist es eher eine heilige Halle, denn – wundert das denn keinen? – das Bad hat einen Turm. Und noch mehr, es hat all das, was zu einer barocken Kirche gehört. Auf geht's zur Kirchenführung. Wir treffen uns am Eingangsportal, gehen die drei Stufen hoch durch das mittlere der drei Portale, die natürlich, wie das bei Kirchen so ist, mit Statuen flankiert sind – eine davon ist eine Frau mit Kind. Wäre das Müllersche kein Schwimmbad, könnte man sie für die Muttergottes halten. In der Vorhalle der Kirche, also des Bades, führt links eine Treppe ins Fegefeuer, in die Krypta – die hier das Dampfbad ist.

Wir betreten nun den Vorraum, jenen Ort, wo wie in der Kirche die Kasse ist und die Broschüren und Prospekte ausliegen. Rechts neben der Eingangstür die (nicht mehr betriebene) »Telefonzelle«, in der man dem nicht sichtbaren Gegenüber etwas sagt. Grad so wie im Beichstuhl. Rechts im Vorraum das Weihwasserbecken, darüber ein Bild des Stifters, Ingenieur Karl Müller. In einer barocken Kirche wäre das Bild ein Epitaph, eine Gedenktafel. Nun geht es nach rechts durch die Tür, vor dem Drehkreuz nochmals ein Blick in den Gang mit den Massageräumen, Pardon, Klosterzellen. Und verläuft nicht oben im ersten Stock eine Art Kreuzgang? Dort oben steht auch ein Modell. Was man da sieht ist der Grundriss einer barocken Kirche.

Und nun hinein ins Bad, vorbei an weiteren Weihwasserbecken. Zwei Schwimmbecken gibt es. Seinerzeit waren die wie in jeder anständigen Kirche getrennt für Herren und

Damen, und wie es nun mal so ist, sind sie heute gemischtgeschlechtlich, hüben wie drüben. Bis auf Dienstag, da ist Damentag, da kommen meistens die Muslima. Männer müssen also an dem Tag draußen bleiben. Wie da die meist in schwarz gekleideten Frauen mit ihren fülligen Formen am Beckenrand lagern, über der Trennkordel zum Nichtschwimmbereich im Becken hängen, miteinander plaudernd, das erinnert sehr an die Bilder, die man im 19. Jahrhundert von den Harems malte!

Im Frauenbereich spendet ein Altar den Segen: das sprudelnde Wasser. Eine Sakristei gibt's auch, da waltet der Bademeister. Und wo steht der Mensch nackt da, entledigt sich des Überflüssigen und verwandelt sich? Richtig, im Beichtstuhl! Selbiger in Reihen rechts und links des Beckens im Müllerschen, wo die Umkleidekabinen das Fegefeuer der Badenden darstellen. Und eine Empore gibt es auch noch.

Alles ist schwungvoll, nichts streng und gerade, sondern konkav und konvex – eben barock: Kuppeln, Säulengruppen, Giebel- und Fensterbekrönungen mit reichem Schmuck, wie in einer barocken Kirche. Malerei, Plastik und Skulptur sind in den Raum einbezogen, selbst die Lampen und die Türgriffe sind ein Teil des Ganzen, gehalten im Jugendstil. Die Raumaufteilung und die Gesamtgestaltung aber sind typisch für den Barock, der ebenso wie der Jugendstil die Tendenz hatte, die Grenzen zwischen den einzelnen Kunstgattungen, Architektur, Skulptur und Malerei, zu verwischen. »Mystifizierend« soll das Licht des barocken Kirchenbaus sein, wie hier im Volksbad, wo um die Mittagszeit von oben das Licht ins Schwimmbecken fällt. Überwölbt von einem barocken Himmel mit stilisierter Sonne.

Gestiftet wurde das Müllersche Volksbad vom Ingenieur Karl Müller mit der Auflage an die Stadt München, ein Bad für das unbemittelte Volk zu bauen. Ein Bad für das Volk, eine Kirche für das Volk. Und wie es sich in Bayern für ein Gotteshaus gehört, gibt es auch noch eine Wirtschaft dazu wegen der Verbindung vom Weltlichen zum Irdischen.

Eigentlich hätte an der Stelle, wo heute das Müllersche steht, König Ludwigs Oper stehen sollen, zumindest war das mal ganz kurz angedacht. Die Oper wurde dann aber, wie man weiß, nicht hier, auch nicht in den Maximiliansanlagen, sondern in Bayreuth, ganz weit weg von München, grad noch in Bayern, errichtet. Nach dem Tod des Königs hatten tüchtige Handwerker ihren wichtigsten Auftraggeber verloren. Und so entstanden in der Ära nach dem Ableben Ludwigs II. große Bauten wie das Volksbad von Privatleuten, das nur vierzehn Jahre nach dem Tod des Monarchen eingeweiht wurde.

Nochmals zurück zur Eingangshalle des Müllerschen: Ähnelt die nicht ungemein dem Treppenhaus von Herrenchiemsee? Besonders die Glasdecke, die Hoflieferant Moradelli (einst für Herrenchiemsee) hergestellt hat und vermutlich auch für das Volksbad, das – wie auch die Schlösser König Ludwigs – einer Idee gewidmet ist, der Idee des heilenden Wassers. »Can we look at the church?«, fragen ausländische Touristen oft an der Kasse des Bades. Sie sehen, dass das Bad wie eine Kirche gebaut ist. Wohingegen die Münchner nur wissen, dass es ein Bad ist.

Hoflieferant Moradelli ist auf dem Alten Nördlichen Friedhof beerdigt (Lage auf dem Friedhof: 10-11-27). Sein Grab schmückt ein meisterliches schmiedeeisernes Kreuz in einer runden Umrahmung – immerhin hat er für Schloss Neuschwanstein all die kunstvollen Türgriffe und -beschläge geschaffen. Und die Vorrichtung für das eiserne Tischleindeck-dich in Schloss Linderhof sowie die versenkbare Toilette in Schloss Herrenchiemsee, die bis heute noch im Verborgenen vor sich hin schlummert. König Ludwig II. zeigte sich in einem Brief an Moradelli sehr erfreut über dessen Arbeit – aus der Feder dieses schwierigen und überkritischen Monarchen ein großes Kompliment. So viel Qualität hat Tradition, das Haus Moradelli besteht noch heute in Kirchheim und beliefert unter anderem das Sultanat Katar.

Im Jagdschloss wummern die Turbinen

WIE DAS MÜLLERSCHE VOLKSBAD ist auch das Maximilianswerk, kurz Maxwerk genannt, ein Werk von Carl Hocheder. Auch dieses steht in Zusammenhang mit Wasser, und auch dieses stellt etwas anderes dar, als es ist. Der ockergelbe, mit Graffiti übersäte Bau neben der Maximiliansbrücke sieht aus wie eine italienische Villa oder ein Jagdschlösschen. In der Landesdenkmalliste wird er folgendermaßen beschrieben: »Zweigeschossiger natursteingegliederter Bau in neubarocken Formen Risaliten, Attika-Balustrade, nördlichem Flachgiebelanbau und eingefriedeten Pergolen.« Kurzum: Es ist ein verspieltes liebenswertes Schlösschen. Das 1894 erbaute Maxwerk ist aber eben kein Jagdschloss, sondern ein Wasserkraftwerk. Unter lautem Wummern verwandeln darin Turbinen die Kraft des Auer Mühlbachs in Strom. Irgendwann sollen im Maxwerk statt Turbinen zischende Kaffeemaschinen zu hören sein. Ein Spaziergang in den Maximiliansanlagen und dann auf einen Kaffee in das »Jagdschlösschen« – eine Vorstellung zum Vorfreuen.

Herrenchiemsee mitten in München

EIN ECHTES STÜCK Herrenchiemsee liegt komplett unbeachtet unterhalb des Friedensengels nahe dem Maxwerk. Die beiden Wasserbecken stellen eine Miniaturanlage des großen Parks von Herrenchiemsee dar, und die putzigen Putti und Delfine waren für den Park von Schloss Herrenchiemsee geplant. Aber dann kam König Ludwig II. ja unter ungeklärten Umständen

Mancher wünscht sich, dass auf der Corneliusbrücke das König-Ludwig-Denkmal wieder aufgebaut wird. Bisher steht nur die Kopie des Kopfes (Original im Nationaltheater) da.

im Starnberger See ums Leben. Oberhalb der Anlage gähnt eine leere Nische. Eigentlich hätte von hier aus ein steinerner König Ludwig II. auf seinen Münchner Schlosspark blicken sollen. Doch weil oberhalb die Prinzregentenstraße verläuft, gab es ein Veto von der Bayerischen Seen- und Schlösserverwaltung mit den strengen Worten: »Diese beiden Regenten zu verbinden, sei geschichtlich gesehen schief und unbedingt zu vermeiden.«

Na ja, sein Denkmal hat er ja dann doch noch bekommen, mitten in den Maximiliansanlagen an der Stelle, an der einst die Oper für Richard Wagner hätte erbaut werden sollen und deren verkleinertes Abbild heute in Bayreuth steht – noch in Bayern, aber möglichst weit weg von der Hauptstadt, die Richard Wagner, der arrogante Pinsel, seinerzeit hat fluchtartig verlassen müssen. Die Oper in Bayern wäre auf Augenhöhe vom ein paar Hundert Meter entfernten Maximilianeum, dem bühnenartigen Bauwerk, das Ludwigs Vater hatte errichten lassen, gewesen. Ludwig hätte es seinem Vater gleichtun können. Wurde nichts draus, Ludwig soll auf dem Weg, der heute König-Ludwig-Weg heißt, regelmäßig über die nicht gebaute Oper nachsinnend auf und ab gegangen sein, der verpassten Chance nachtrauernd. Aber da war er schon längst in eine andere Welt entschwunden, in die Welt der Phantasie. In die Welt der Märchenschlösser.

Neuschwanstein nah am Wasser gebaut

ES GAB JA SO MANCH einen, der nach des König Ludwigs Tod auch sein Schloss wollte. Zu Lebzeiten des Königs durfte aber nur einer groß bauen: der König selbst. Aber der war ja nun ertrunken. München wuchs zu dieser Zeit rasant. Was heute teuer ist, war damals auch schon teuer: Bauland. Einem Bauern aus Allach gehörten Felder vom heutigen Rotkreuzplatz bis zum Hirschgarten. Nach dessen Tod erbte sein Nachkomme, Lorenz Hauser, den gesamten Grund. Und den verkaufte er teuer nach und nach als Bauland. Auf diese Weise wurde er zum Millionär, der auch ein Schloss wollte, so eines, wie König Ludwig in Hohenschwangau hatte: Neuschwanstein. So kam es, dass seit 1900 ein kleines Neuschwanstein in Allach steht.

Hauser genoss sein Leben und seinen Reichtum in vollen Zügen: Er feierte ausschweifende Feste auf dem Schloss, unternahm mehrere Weltreisen, hatte zahllose Frauengeschichten und pflegte nach einem Wirtshausbesuch mal gerne im Vollrausch das Inventar zu zerlegen. Geldstrafen störten ihn wenig, da er ja genug Geld hatte, und im Gefängnis genoss er die

Bewunderung der Mitinsassen. Wie sein großes Vorbild, König Ludwig II., war auch er außerordentlich großzügig: Er übernahm zahlreiche Firmpatenschaften und beschenkte die Firmlinge alle mit einer goldenen Uhr. Auch sonst war er sehr spendabel. Neben dem Schloss, das nur von der Würm aus sichtbar ist, hinterließ er den Münchnern einen noch heute gebräuchlichen Spruch: »S'Geid muas unter d'Leit« (bayerisch für: »Das Geld muss unter die Leute«).

Hauser verkaufte das Schloss nach acht Jahren an den k. u. k Kammerherrn und Rittmeister der Reserve Graf Alexander von Boos zu Waldeck und Montfort, der es 1942 seinerseits an BMW veräußerte. Nach dem Krieg diente es amerikanischen Soldaten als Freizeitheim, die es vollkommen heruntergewirtschafteten und bei einem Grillfest darüber hinaus einen Zimmerbrand auslösten. Was übrig blieb, ging 1955 in den Besitz von MAN über, die es heute als repräsentatives Gästehaus nutzen. Das Gebäude ist nicht zugänglich, nur vom Würmkanal aus kann man auf Münchens Neuschwanstein einen Blick erhaschen. Und weil man es nicht von innen sehen kann, hier eine kleine Beschreibung: Im Schlösschen führt ein breiter Korridor in ein riesiges, prachtvolles Foyer. Im Erdgeschoss liegen der Salon, das Speisezimmer, die Teestube, die Küche und die noble Herrentoilette, die mit königlich weißblauen Fliesen gekachelt ist. An der Decke finden sich Gemälde mit Motiven aus der griechischen Mythologie – ein Motiv, das irgendwann von Mitarbeitern der Firma MAN entdeckt wurde. Auch im ersten Stock tummeln sich Gestalten aus der antiken Götterwelt. Dazu Ölgemälde, die unter anderem Hermes (der mit den Sandalen!), Demeter und Pan zeigen. Spartanischer ist das Schreibzimmer, wo heute die wichtigen Verträge von MAN unterzeichnet werden. Tja und ansonsten sind im Haus Erinnerungen an das spannende Leben und die Reisen des Lorenz Hauser zu sehen. Absoluter Höhepunkt: die neuromanischgotische Kapelle mit leuchtend blauer Decke mit goldenen

Sternen – ganz wie beim König Ludwig in Neuschwanstein. Ach, eine Bitte an die Firma MAN: Wir sind das Volk! Wir wollen da rein! Vielleicht einmal im Jahr am Tag des offenen Denkmals. Nur mal so als Vorschlag.

Trockenen Fußes übers Wasser gehen

EIN MÜNCHNER ORIGINAL ganz eigenen Zuschnitts war auch Rainer Werner Fassbinder, der sich im Leben ähnlich verausgabt hat wie Lorenz Hauser. Rainer Werner Fassbinder verkehrte gerne in der Deutschen Eiche, dem Traditionshotel schwuler Gastfreundschaft. Und an ihn erinnert in München ein Denkmal, das ungefähr genauso wenig bekannt ist wie das Schlösschen in Allach. Und dabei gehen täglich doch Tausende über das Denkmal. Hier passiert jeden Tag ein Wunder biblischen Ausmaßes. Und niemand merkt es. Merkt wirklich niemand, dass man in München trockenen Fußes über das Wasser gehen kann? Und das in einem neuen Gewerbe- und Wohngebiet, das in seiner Sterilität dem Wunder so nah ist wie der Nord- dem Südpol. Gut, der See ist ein bisschen schwarz und ein bisschen hart, aber er ist ein See, wenn auch aus Asphalt, auf den Platz geschüttet als Denkmal für den 1982 im Alter von 37 Jahren verstorbenen Münchner Filmemacher Rainer Werner Fassbinder. In fünf Schichten goss der Künstler Wilhelm Koch den heißen Asphalt auf den Rainer-Werner-Fassbinder-Platz, dabei stanzte er sämtliche Titel der 43 Filme Fassbinders in die heiße Masse, zusätzlich noch die Titel seiner Theaterstücke und Hörspiele.

Wie der heiße Asphalt soll auch Fassbinders Schaffenskraft gewesen sein: glühend heiß, urwüchsig, von alles überfließender Kraft. Vielleicht nennen deshalb manche Anwohner

Oh welch Wunder: Tagtäglich gehen Tausende Menschen mitten in München über einen See ...

das Kunstwerk auch einen »Kuhfladen«? Der Künstler hatte seine aus acht konkurrierenden Projekten ausgewählte Idee so erklärt: »Fassbinder war eine außergewöhnliche Persönlichkeit, bei der es völlig unpassend wäre, irgendein Memorial aus edlem Material wie Stein oder Bronze zu konzipieren. Ordinärer Asphalt, fließend sich ausbreitend, entspricht diesem anstößigen Außenseiter und seinem kritischen Werk am besten. Fassbinder war und ist unfassbar. Seine Kreativität war exzessiv und ungebändigt. Er ließ sich nicht festlegen und vereinnahmen. Er zeigte radikale Kälte, radikale Liebe, radikale Verzweiflung und radikalen Zorn.« Wie auch immer, wer ist schon mal über einen Kuhfladen gegangen, ohne sich die Füße schmutzig zu machen?

Heutiger Besitzer der Deutschen Eiche ist Dietmar Holzapfel, der ein großer Verehrer König Ludwigs ist und in einer Vitrine im Eingangsbereich zu seinem Hotel eine kleine Ausstellung zum Thema »homosexueller König« arrangiert hat. Holzapfel ist auch ein großer Kenner der bayerischen Geschichte. Im Glockenbachviertel, heute schwul-lesbische Parallelwelt in München, standen einst Kasernen, in denen auch die »Cheveauxleger« – die leichte Kavallerie – stationiert waren. Nun neigt ja der Münchner dazu, fremdsprachliche Wörter zu verbajuwarisieren. Also wurden aus den Cheveauxleger die Schwalanscher. Dann die Wallischer und Schwalanscher. Und zu guter Letzt die Schwolli. Und die verdienten sich zu ihrem mageren Sold noch gerne etwas dazu durch Prostitution. So entstand der Name »schwul« – sagt Dietmar Holzapfel. Und der muss es ja wissen. In einem alten Soldatenlied wusste man schon »nix Schönres nicht auf Erden als was ein Wallischer!«.

Durch den Brunnen des »Guten Tag«

AUCH IM WESTPARK kommt man mit dem Wasser nicht in Berührung, wenn man es durchquert: ein Ensemble aus drei unterschiedlich großen Steinen mit polierten und naturbelassenen Flächen, wodurch ein Kontrast aus Mattheit und Spiegelung, hell und dunkel entsteht. Der »Guten-Tag-Brunnen« steht an einem Hauptweg im Südwesten und wurde 1983 von Makoto Fujiwara gestaltet. Das Ganze fügt sich harmonisch in die Landschaft des westlichen Parks ein, kein Wunder, hier war ja ein Japaner am Werk. Und die verstehen ja viel von Landschaftskunst. Über die Steine des Brunnens fließt Wasser quellförmig in kleine Wasserbecken. Der Clou von dem Ganzen: Man kann trockenen Fußes durch die Brunnenanlage gehen und sich gegenseitig einen »Guten Tag« wünschen. Die Anlage ist ein typischer Fall von »Man sieht nur, was man weiß«, denn kein Mensch käme auf die Idee, mitten durch die Anlage hindurchzugehen. Aber vielleicht liegt es auch nur daran, dass das nicht-bayerische »Guten Tag« so sachlich ist, so gar nichts Mitreißendes hat wie das bayerische »Grüß Gott«!

Im Norden des Parks steht noch ein weiterer bemerkenswerter Brunnen: der Kugelbrunnen, gestaltet 1983 von Christian Tobin und am Südost-Eingang aufgestellt. Das gute Stück besteht aus einer 1,2 Tonnen schweren Granit-Kugel, einer symbolischen Weltkugel, die in einer ebenso runden Schale ruht. Kugel und Fassung sind so exakt gefertigt, dass der normale Wasserdruck zwischen Kugel und Schale einen kleinen, die Schale vollkommen umhüllenden Spalt erzeugt. Dadurch kann selbst ein Kind die große Steinkugel in Bewegung setzen. Der Kugelbrunnen ist der zweite seiner Art weltweit nach dem 1979 in Carrara auf der Piazza d'Armi von Kenneth Davis geschaffenen Brunnen. Kinetische Steinskulptur nennt sich so etwas. Sinn und Zweck ist es, dass Menschen, die vorbeigehen, über die Funktionsweise und Gestaltung der Objekte ins Gespräch kommen. Das ist dem Künstler gelungen! Nass wird man auch nicht beim Springbrunnen vor dem Lenbachhaus Ecke Königplatz/Luisenstraße. Denn der Wasserkreis öffnet sich, wenn man den Brunnen betritt (das Wunder wird über eine Lichtschranke gesteuert) und man kann wie Moses trockenen Fußes durch das Nass gehen. Ist man drinnen, schließt sich der Kreis wieder. Wenn man wieder rausgehen will, öffnet sich der Kreis durch Zauberhand, wenn man sich ihm nähert. Besonders für Kinder ein Riesenspaß!

Das sind nur drei von den etwa tausend Brunnen, die es in München gibt. Und es werden noch mehr werden. Denn es gibt ein Gesetz, nach dem ein bestimmter Prozentsatz an öffentlichen Geldern für »Kunst an öffentlichen Gebäuden«

ausgegeben werden muss. Und da ist es am einfachsten und eindrucksvollsten, einen Brunnen aufzustellen. Auch wenn sie dann in vielen Fällen alsbald wieder abgestellt werden, weil die Instandhaltung zu teuer ist. Was schade ist, denn wenn auch nicht direkt »Trinkwasser« am Brunnen steht, so sind doch die Brunnen an die Münchner Wasserleitung angeschlossen, also von guter Wasserqualität. Sowieso ist das Wasser, wenn es ständig läuft, so gut wie keimfrei.

Der Scheißhausapostel und die Japaner

BIS 1883 STANDEN die Trinkwasserbrunnen oft in der Nähe von Abwassergruben, nicht wenige von ihnen waren verseucht, Cholera war die Folge. Bis Max von Pettenkofer diesen Zusammenhang erkannte und zum Beweis seiner Theorie im Jahr 1892 vor den Augen seiner entsetzten Studenten ein Glas mit rund einer Milliarde Kommabazillen, den Erregern der Cholera, auf einen Schlag austrank. Im ewigen intellektuellen Clinch mit seinem Kollegen Robert Koch wollte der 74-Jährige so endgültig beweisen, dass nicht die Bazillen, sondern Umwelt- und Bodenverhältnisse die entscheidende Ursache für den Ausbruch der Krankheit waren. Pettenkofer überlebte und bekam lediglich eine Darmverstimmung. Man vermutet heute, dass er sich schon Jahre vor seinem gewagten Experiment mit Cholera infiziert und dadurch eine Immunität gegen die Krankheit entwickelt hatte. Auch wenn er mit seiner Theorie nicht Recht hatte, am Ende hat er München doch vor der Cholera bewahrt. Undank ist aber der Welt Lohn, und so wurde dieser Wohltäter, der er ohne Zweifel war, in München als »Scheißhausapostel« beschimpft – oder geehrt, je nach Sichtweise. Auch wenn er pro Münchner einen Fixbetrag für die Erschließung des

Abwasserkanals verlangte, so sorgte er halt doch für ein Aufatmen in München. Im wahrsten Sinne des Wortes.

Zu dieser Zeit hielt sich in München ein Japaner namens Mori Ōgai auf, der eigentlich wegen Pettenkofer in der Stadt war, genau genommen wegen der Cholera. Denn der »Scheißhausapostel« hatte die Wissenschaft der Hygiene in die Welt gebracht. Durch ihn wurde gegen Ende des 19. Jahrhunderts München zu einer der saubersten Städte Europas. Mori Ōgai wollte von Pettenkofer lernen, wie man gegen die Cholera angeht, denn in Japan war es wie in den deutschen Städten: Die Bevölkerung wuchs und damit die Seuchengefahr. Der Japaner war nicht nur ein Militärarzt, sondern auch ein Schriftsteller. Und als der ging er, als der Tod von König Ludwig II. bekannt wurde, wie halb München auch, an die Todesstelle am Starnberger See, um sich ein eigenes Bild von den Geschehnissen zu machen. Zurück in Japan schrieb er die Novelle »Wellenrauschen«, die bis vor wenigen Jahren Pflichtlektüre an gehobenen Schulen in Japan war. Und so kommt es, dass bis heute viele Japaner ungemein genau über König Ludwig II., den Starnberger See und Richard Hornig Bescheid wissen.

Richard Hornig war der Stallmeister von König Ludwig II. und mit ihm so eng verbandelt, dass beide ihre Unterschriften zu einer einzigen verschlangen. Und eben dieser Richard Hornig kommt in einem japanischen Manga, einem japanischen Comic, vor, das bemerkenswerterweise nicht aus dem Deutschen ins Japanische, sondern aus dem Japanischen ins Deutsche übersetzt wurde. Richard Hornig liegt auf dem Alten Südlichen Friedhof begraben (Sektion 33).

Mori hatte in seinem Tagebuch seine Erlebnisse in München notiert. Was ihm die Haare zu Berge stehen ließ waren Krautsalat und Polenta. Was er mochte waren die Kellnerinnen und das bayerische Bier, dem er kräftig zusprach. Wobei jüngst Japaner auf Besuch in München die Beilage zum Bier so gar nicht schätzten, weil sie ihnen nicht geschmeckt hat: den

Bierfilzl. Und beim Fleischfondue konnte ihnen noch in letzter Sekunde das Döschen mit der Brennpaste aus der Hand gerissen werden, das sie für Senf gehalten hatten.

An Pettenkofer erinnern in München eine große Sitzstatue am Maximiliansplatz nahe dem Wittelsbacherbrunnen – die kennt auch kaum einer in München – und eine Plakette im Apothekerhof in der Residenz. Dort, gegenüber den Privaträumen von König Ludwig II., hatte Pettenkofer seine Wohnung, und dort hat er sich auch das Leben genommen. Er hatte in einer Privataudienz König Ludwig II. so eindrucksvoll von den Vorzügen der Hygiene berichtet, dass in Würzburg und Erlangen zwei Lehrstühle zu diesem Thema eingerichtet wurden und das Thema Teil von Medizinprüfungen wurde. Böse Zungen behaupten im Internet jedoch, Pettenkofer sei an Krankheit und Tod des Königs Schuld gewesen. Er hatte 1849 im Auftrag von König Ludwig II. von Bayern aus dem teuren französischen Silberamalgam das billigere Kupferamalgam fürs Volk entwickelt, dessen üble Nebenwirkungen König Ludwig II. zwanzig Jahre später in den Selbstmord trieben. Sicherlich eine der originellsten der 1500 Theorien über den Tod des Königs.

Der Brunnen, der Busen und das Dirndl

EIN PAAR SCHRITTE vom steinernen Pettenkofer am Maximiliansplatz entfernt steht *der* Münchner Brunnen, der Wittelsbacherbrunnen, den jeder Münchner kennt, aber nie beachtet. Eigentlich liegt der mächtige und sehr große Brunnen ganz zentral an der Spitze des Maximiliansplatzes. Wasser ist wichtig, Wasser muss sauber sein, so erkannte Pettenkofer und so bauten die Wittelsbacher diesen Brunnen zu Ehren des Elements. Eingeweiht wurde der hochbarocke Brunnen im Jahr 1894.

Dramatisch wird hier das Wasser als zugleich zerstörerische und aufbauende Kraft dargestellt. Politisch korrekt ist es ein Steine werfender Mann auf einem Pferd, der zerstört, jaja, und auf der anderen Seite eine Frau, die aufbaut. Dazwischen tummeln sich allerlei Wassertiere wie Seepferde, Krebse, Fische und eine Schildkröte. Ironie der Geschichte: Als am 16. Juli 1944 die Alliierten mit achthundert Flugzeugen zwischen 9.10 Uhr und 10.52 Uhr Bombenangriffe über München flogen, traf eine Bombe ausgerechnet den Wasser reitenden Steinewerfer – er hatte den größten Schaden der gesamten Anlage erlitten.

Der viele Münchner Schönheiten restaurierende Schönheitschirurg Werner Mang, der sich hauptsächlich ganzjährig mit Nasen und vor dem Oktoberfest mit Busen beschäftigt, meinte einmal, die beste Busen-Operation wäre das bayerische Dirndl. Der FDP-Politiker Rainer Brüderle seinerseits meinte einmal zu einer Journalistin von der Zeitschrift *Stern*, dass sie gut ein Dirndl ausfüllen würde. Die Dame war darob derart beleidigt, dass sie damit einen ganzen Stern-Artikel ausfüllte und eine bundesweite Dirndl-Diskussion lostrat, genau genommen, eine Diskussion in Außerbayern. Denn in Bayern selbst gilt so etwas als Kompliment fürs Dirndl, das nur noch dadurch getoppt werden kann, das Dirndl als Weib zu bezeichnen – also das Dirndl, das das Dirndl ausfüllt. Was in Außerbayern ja wiederum anders verstanden wird. Sie sind halt zu empfindlich, die Außerbayerischen. Sie verstehen halt nichts von Busen, Balkonen und Bergen – der bayerischen Dreifaltigkeit.

Die Dame auf dem Wittelsbacherbrunnen ist auch eine, die figürlich zu den Weibern zu zählen ist und im Übrigen ein Dirndl aufs Allerprächtigste ausfüllen könnte. Wer weiß, vielleicht ist das auch der Grund dafür, warum der Wittelsbacherbrunnen in den seligen sechziger Jahren des vergangenen Jahrhunderts Schauplatz höchst sinnenfroher Kinofilme war, die da hießen »Graf Porno bläst zum Zapfenstreich« oder

Dieses Dirndl füllt aufs Allerprächtigste ihr Dirndl und erweist sich zudem als königstreu.

»Schulmädchen-Report. 4. Teil«. Ingrid Steeger, die Wohlgeformte, nahm damals neben der steinernen Dame Platz, ebenfalls nackt. Wobei die eine in ihrer Nacktheit eher allegorisch, Ingrid Steeger eher erotisch gemeint war. Aber zu Steegers Zeiten war das ja längst kein Thema mehr. Anders als im Nachkriegsdeutschland, als Hildegard Knef einen Wimpernschlag lang nackt im Film »Die Sünderin« zu sehen war. Angeblich soll die anrüchige Szene am Auer Mühlbach im Garten des ehemaligen Standesamtes gefilmt worden sein.

Gegenüber dem wilden Stier vom Wittelsbacherbrunnen liegt recht erschöpft vor dem BMW-Gebäude ein weiterer steinerner Stier, von dem man nur sagen kann »Mal guckt wieder keiner«. Aber zum Gucken ist der Stier nicht da, sondern zum Hinsetzen. Macht aber nie jemand. Aber vielleicht liegt es nur daran, dass in der griechischen Mythologie Europa, die Tochter des phönizischen Königs Agenor am Strand gespielt hatte. Der sexuell nimmersatte Zeus sah sie, verwandelte sich in einen Stier, das Mädchen streichelte ihn und stieg auf seinen Rücken, woraufhin Zeus sie in Richtung Kreta, also Europa, entführte. Wundersamerweise wurden sie dabei nicht nass. Auf jeden Fall verdankt Europa dieser Geschichte seinen Namen. Gibt es anderswo eine Sitzbank mit einer solch mythischen Geschichte?

Wo die Tuba plätschert

WIE DER WITTELSBACHERBRUNNEN ist auch der Erich-Schulze-Brunnen ein Wasserspender mitten in der Stadt, an einer Stelle, wo täglich Tausende von Leuten vorbeigehen und doch nicht so genau hinschauen. Der Münchner Künstler Albert Hien hat sich hier etwas wirklich Originelles einfallen lassen: Aus dem Schalltrichter einer 7,5 Meter hohen Tuba aus Messing sprudelt eine Wasserfontäne nach oben, um dann nach unten durch die mehrfachen Windungen der Tuba zu laufen und weiter aus dem Mundstück herauszusprudeln. Aufgefangen wird das Wasser von einem steinernen Bassin in der Form eines Konzertflügels ohne Deckel. Aber damit nicht genug: Etwas weiter östlich steht der zweite Teil des Brunnens, eine überdimensionale Hupe aus Bronze mit einem Handbalg. Beide Brunnenteile sollten einst durch einen schmalen Wasserlauf miteinander verbunden werden, aber die Tücke lag im technischen Detail. Der Brunnen soll das Verbindungsglied zwischen GEMA auf der einen Seite des Platzes und der Philharmonie auf der anderen Seite darstellen.

Wasser des Lebens

Zum Zwecke der Verrichtung

EINE ÖFFENTLICHE AUFGABE wie die Brunnen sind auch die öffentlichen Toiletten, beziehungsweise sollten es sein. Im ewigen Kampf zwischen Hamburg und München, wer nun die schönere, bessere, tollere Stadt ist, hat Hamburg in Sachen menschlichem Grundbedürfnis eindeutig die Nase vorn. Während in Hamburg jährlich vierundzwanzigtausend Euro für die öffentlichen Toiletten ausgegeben werden, sind es in München nur siebzehntausend Euro, wovon man sich vor Ort leicht überzeugen kann. Vorschläge, wie »Nette Toilette«-Schilder einzuführen (auch Nicht-Restaurant-Besucher werden nicht als Wildpisler eingestuft), wurden vom Tisch gefegt. Private Initiativen wie die vom Milchhäusl, der Kultwirtschaft, zeigten auf, wo es lang geht: in Richtung privat geführter königlicher Toilette, schön beschildert und mit Kristallleuchter. Und ganz ohne städtisches Reglementierungsschild, der Bedürfnisanstalten-Benutzungsordnung, die da lautet:

1. Die Bedürfnisanstalten und ihre Einrichtungen sind im Interesse der Reinlichkeit und der Hygiene stets reinlich zu halten.
2. Der Aufenthalt ist nur zum Zwecke der Verrichtung der Notdurft gestattet. Bei darüber hinausgehendem unberechtigtem Verweilen wird Strafantrag wegen Hausfriedensbruch gestellt.
3. Sperrige Gegenstände, insbesondere Kinderwagen und Fahrräder sowie Tiere, dürfen in die Bedürfnisanstalt nicht mitgenommen werden. Das Verbot gilt nicht für Krankenfahrstühle und Blindenhunde.

So steht es geschrieben vor jeder öffentlichen Toilette Münchens. Gibt ja nicht mehr so viele davon, wie schon erwähnt.

Omittite omittendum!

EINE RARITÄT in Sachen Toilette ist mittlerweile das Schild »00« – das im dritten Jahrtausend Geborene wohl nicht mehr verstehen werden. Wir Älteren erinnern uns noch an die guten alten Zeiten, als Toiletten noch kurz und knapp mit »00« ausgeschildert waren. Das kommt nicht daher, dass die »00« so aussieht wie eine aufgeklappte Klobrille, sondern weil einst die Hotels Toiletten nur auf den Etagen hatten, nicht im Zimmer, und die Toiletten lagen direkt neben den Fahrstühlen. Mit dem ersten Raum begann die Nummerierung der Zimmer und weil ein normales Zimmer mit 01 begann, war das Klo die »00«. Na ja, eine andere Erklärung gibt es auch noch: *Omittite omittendum!* Diese beiden Wörter sind lateinisch und beginnen beide mit O. Sollte die »00« eine Abkürzung von »Omittite omittendum!« sein, würde auf der Toilettentür abgekürzt stehen: »Lasst aus, was auszulassen ist!«

Hier geht es zur Getränkeabgabe! Oder zur Befreiungshalle oder zu den Buam und zu den Mädln.

Wasser des Lebens

In Bayern hält man halt auf Tradition, und so weist auch auf dem Oktoberfest ein Engel mit dem Pfeil auf das Örtchen, dass hier noch nach alter Sitte »00« heißt. So wie in der Paulanergaststätte im Tal, wo ebenfalls ein Engelchen den Weg weist mit einem ganz entzückenden blauen Nachttopf auf dem Kopf, ordentlich mit »00« beschriftet. Es gibt sie also doch noch, die guten alten »00«-Schilder.

Heute überbieten sich viele Hotels und Gaststätten schier an originellen Toiletten-Beschriftungen: Im Augustinergarten zum Beispiel geht es in Richtung »Befreiungshalle« – man zeigt sich der bayerischen Geschichte verbunden. Nicht nur dem Namen nach, sondern auch in der edlen Baulichkeit des Klassizismus mit Säulen davor präsentiert sich die Befreiungshalle am Bavariaring auf der Theresienwiese. Als entzückend kann man nur die Toilette im Restaurant Oliveto in der Häberlstraße beschreiben, denn der Weg dahin die Treppe hinunter ist geheimnisvoll schummrig, und unten gibt es hinter einer dunklen Tür – eine kleine Toilette für die Kleinen. In der Nobeldiskothek P1, den heiligen Hallen, in die nur Auserwählte kommen, können die Männer wieder Buben sein, die auf Baumstämmen ihren Namen einritzen. Vielleicht auch den ihrer Auserwählten, die eine Tür weiter durch eine kleine Schiebeluke mit ihrer Sitznachbarin plaudern kann – natürlich über den Baumstammritzer von nebenan.

Respektlos ist man schon fast im VIP-Bereich im Münchner Flughafen: Wenn da ein männlicher Gast auf die Toilette muss, dann schaut der Kini ihm dabei über die Schulter – als Abbild in Öl, beim Jagdausflug auf seinem Schimmel, so vermeldet die Münchner Abendzeitung. Komisch: Der König hasste das Totschießen von Tieren, er ging nie jagen. Äußerst gelungen – ach, hätte das der König noch erlebt – präsentiert sich das Venusgrotten-Schloss-Linderhof-Kabäuschen im Valentinsstüberl oben im Isartor. Wer da drin ist, also in der Grotte, der möchte gar nicht mehr raus.

Das sind ja schöne Aussichten, also die vom Örtchen im Restaurant 181 oben auf dem Olympiaturm – die Stadt liegt einem dort zu Füßen. Wortwörtlich. Jetzt aber mal Spaß beiseite: In der Kultkneipe Nage & Sauge misst das Pissoir die Urintemperatur – da ist doch der Gesprächsstoff gesichert. Narzissten können sich dank eines Monitors in der Kabine mit heruntergelassenen Hosen aus verschiedenen Blickwinkeln bewundern.

Umgebaute Örtchen

UND NUN EIN WÖRTCHEN zu den umgebauten Örtchen: Ein Münchner Ehepaar hat ein ehemaliges Toilettenhäuschen am Eisbach (rauschendes Wasser inspiriert bekanntlich die Blase!) in dreimonatiger Renovierungsarbeit zum Kiosk umgebaut. »Fräulein Grüneis« heißt das schmucke Gebäude, wo halt heute dem Input statt dem Output gefrönt wird. Das historische Häuschen aus dem Jahr 1904 war mehrmals das Opfer heftiger Attacken, außerdem Treffpunkt der Schwulenszene und deshalb auch als »Schwulenhäusl« bekannt. Und warum der Name »Grüneis«? Ist doch klar! Eis steht für den Eisbach und Grün für den Englischen Garten. Und das Fräulein, das ist halt nett anzuhören.

Auch die beiden anderen Exklos und heutigen Kioske haben mit dem Schwulenmilieu zu tun. Das eine ist der legendäre Kiosk an der Reichenbachbrücke, geführt von einem Ulmer und einem Berliner. Dreiundzwanzig Stunden an sieben Tagen die Woche geöffnet, mit einem sagenhaften Angebot von Getränken, dazu zählen mehr als zweihundert Biersorten – spannende Biersorten wie das »Dead Guy« mit dem makaberen Label aus Oregon. Wenn dann noch das griechische Fix-Bier ins Sortiment kommt, das auf den bayerischen König Otto von Griechenland zurückgeht, dann ist dieser Kiosk perfekt.

Wasser des Lebens

Aber erst dann! Nur für die Stunde zwischen fünf und sechs Uhr ist eine gewisse Vorratshaltung nötig, denn da ist der Kiosk geschlossen.

Nun ist es nicht so, dass in bestimmten Kreisen ein gewisser Drang zum Treff in Toiletten herrscht. Es war nur so, dass die öffentliche Homosexualität lange unterdrückt und verboten war. Die Szene tauchte in die Subkultur ab. Seit der Entkriminalisierung der Homosexualität und dem Aufkommen des Internets tritt diese Art von Subkultur immer mehr in den Hintergrund. Zu Walter Sedlmayrs Zeiten, dem schwulen Schauspieler, der nicht bayerischer und heterosexueller hätte wirken können auf den ersten Blick, war das noch anders. Da entdeckte die schwule Subkultur unter anderem die öffentlichen Toiletten im Stachus-Untergeschoss, die »Klappe«, seinerzeit eine der größten ihrer Art, wo auch Walter Sedlmayr laut der Boulevardpresse gerne verkehrt haben soll.

Ach, und dann das Pissoir – jaja, so hieß das früher ganz vornehm – am Holzplatz im Glockenbachviertel, der Schwulen- und Lesbenhochburg in München schlechthin. Also dieses Pissoir wurde stillgelegt, nichts floss mehr. Bis nach dreißig Jahren eine dringende Sitzung einberufen wurde, was denn nun damit passieren solle. Die Sache liegt bis heute auf Eis – was schade ist, denn der umtriebige Thomas Bartu (früher Schuh-Bartu) möchte dort sein Müncheneis verkaufen. Das ist nicht so süß wie das italienische Gelato und wird nur aus Bioprodukten hergestellt und aus dem unübertroffenen Münchner Wasser. Es lebe das »Eis-Reinheitsgebot«, das Bartu verfasst hat. Das achteckige Gebäude steht seit mehr als hundert Jahren dort – zuerst hatte es seinen Platz am Stachus, bis dann ins Glockenbachviertel umgezogen wurde. Es steht unter Denkmalschutz und wird als »oktogonaler Pavillon« und »Tempietto«, also kleiner Tempel, beschrieben. Tja, in der religiösen Symbolik wird die achte Stufe oft mit der spirituellen Entwicklung oder der Erlösung in Zusammenhang gebracht. Was ja irgendwie ein und dasselbe ist, wer kann denn schon spirituell werden, wenn er vom Irdischen noch nicht erlöst ist? Als dieser Kiosk noch am Stachus stand, wurde er von W. Marchand 1904 in seinem Buch »Die Knabenliebe in München« folgendermaßen beschrieben: »Wenn die Dämmerung eintritt, dann finden sich am Karlsplatz rings um den großen Kiosk herum eine Anzahl junger Burschen in oft dürftiger Kleidung ein, welche [...] nichts anderes zu tun haben, als [...] nächste der Bedürfnisanstalt alle Männer starr anzublicken. Glauben sie, einen ihrer Leute erkannt zu haben, dann folgen sie ihm in das Innere der Anstalt.«

Ein anderes Pissoir, das an der Großmarkthalle, ist mit seinen acht Quadratmetern heute wohl Münchens kleinster Kulturraum. Die Münchner Raumkünstlerin hat das Örtchen gepachtet, auf dass dort Künstler ausstellen. Ihr gehe es nicht darum, den Raum »zu nutzen, sondern ganz neu mit ihm zusammenzuarbeiten, wie mit einem Partner«, dem Klo.

Ach, was für ein herrliches Thema: die Toiletten, also das Pinkeln. Für den großen Regisseur Werner Herzog ist München laut eigener Aussage die Stadt, »in der ich eingebettet bin und in die ich gehöre«. Als er als Fünfjähriger (Herzog ist 1942 geboren) nach München kam, öffneten er und sein Bruder, beide sind im Ort Sachrang im Chiemgau aufgewachsen, erst einmal am Hauptbahnhof ihre Lederhosenlätze, um an den Randstein zu pinkeln. Seine Mutter habe ihn da das einzige Mal verleugnet, und das »Griaß di nachad«, also das Grüßen, wie er es vom Land kannte, hätten er und sein Bruder auch nach einer halben Stunde aufgegeben. Es waren in der Stadt halt doch zu viele Leute, die gegrüßt werden mussten ...

Im Restaurant Retro in der Goethestraße 20 ist die Wand im Treppenhaus auf dem Weg zum Örtchen mit vielen weisen Sprüchen in vielen Sprachen beschriftet. Wie wäre es mit Che Guevaras »Seien wir realistisch, versuchen wir das Unmögliche«. Im Treppenhaus zur Toilette im Rock Café gegenüber dem Hofbräuhaus hängt der Strohhut von Elton John, den er in den achtziger Jahren während seiner »I'm still standing«-Phase getragen hat. Derartigen Schnickschnack findet man in den WCs gegenüber im Hofbräuhaus nicht: Da waren einst in den Männerklos Geländer angebracht, an denen Mann sich festhalten konnte, während er dem Bacchus seine Opfergaben brachte. Alles funktional: im vorderen Raum rein, und nach hinten – also im Gebäude – raus.

Münchner Klogeschichte(n)

DIE MÜNCHNER KLOKULTUR hat mit dem *fosse inodoré* angefangen, dem geruchlosen beweglichen Abtritt. Erfunden wurde er in den ersten Jahrzehnten des 19. Jahrhunderts in Frankreich. Anzunehmen, dass die Franzosen einfach die Schnauze voll hatten vom Nachttopf-Leeren ihres Adels. Und König Ludwig I. ließ sich nicht lumpen und schickte seinen Architekten Leo von Klenze, seinen Mann für alles, nach Frankreich, um das Wunderklo zu studieren und auszuprobieren. Als er wieder zu Hause war, ließ er diese Toilette im damals im Bau befindlichen Palais Leuchtenberg installieren. Nach und nach wurde sie dann in der Alten Pinakothek, im Gebäude des landwirtschaftlichen Vereins, im königlichen Kriegsministerium, der neuen Kaserne und weiteren neuen Häusern und städtischen Gebäuden integriert.

Es wurde ja auch Zeit, denn die Toilettenkultur lag lange Zeit absolut brach. Nach der Toilettenhochkultur während der Römerzeit ging es im Mittelalter mit derselben bergab. Man machte in den Nachttopf und den leerte man in der Gasse aus. Wer es sich leisten konnte, heuerte einen Begleiter bei nächtlichen Spaziergängen an, der warnte: »Häuflein voraus.« Um 1500 entschied man in München, dass es so nicht weitergehen konnte und verordnete, dass jeder seinen Mist noch am gleichen

Tag des Machens von der Straße zu entfernen habe. Öffentliche Toiletten gab es Gerüchten nach – oder war es den nicht vorhandenen Gerüchen nach? – nur in großen Städten wie London oder Frankfurt am Main, Privattoiletten so gut wie gar nicht. Nur Exzentriker wie ein Maler namens Albrecht Dürer in Nürnberg hatten eine eigene Toilette (in der Küche) – was ihm prompt einen Verweis der Stadt einbrachte.

Insgesamt waren die Straßen damals derart versudelt, dass man Holzschuhe mit Holzstegen trug, um nicht durch den Morast waten zu müssen. In Sachen Toilette waren aber die Franzosen nun mal führend, denn nach ihrem Nachttopf ist in Bayern das Potschamperl (*pot de chambre* – Zimmertopf) genannt, das als Nottopf für das schnelle Bedürfnis unter fast jedem Bett stand. Im Valentin-Musäum war ein Winter-Potschamperl zu sehen, das schön mit Pelz verbrämt ist – ganz klar von innen, es stammt ja vom Museumsgründer Hannes König. Karl Valentin ist ja ein wichtiger Teil der Münchner Kultur. Und wenn man eh gerade in der Gegend Valentin-Musäum unterwegs ist, dann empfiehlt sich der absolute Geheimtipp in Münchens Toilettenlandschaft: Der Locus (wir erinnern uns an den Lateinunterricht – *locus* = Ort) ist nicht nur blitzsauber, sondern befindet sich mitten in einem Infoparadies über Bayerns Schlösser und Kultur. Also zuerst raus und dann rein! Raus mit dem Menschenballast, rein mit der Geschichte Münchens.

Von der Toilette zum Toilettenwasser

MAN MAG ÜBER die Gerüche im Mittelalter nicht nachdenken und sie schon gar nicht riechen. Also auf zu edlen Gerüchen: Gleich ums Eck von Münchens ältestem Brunnen, dem Fischbrunnen am Marienplatz, versteckt sich in der Dienerstraße die altehrwürdige »Wittelsbacher Parfümerie«. Der Inhaber sagt mit ernster Miene, die Straße würde so heißen, weil hier immer die Diener der Wittelsbacher entlanggegangen seien, um Besorgungen bei den Hoflieferanten zu machen. Schöne Idee, denn in der Straße gibt es wirklich noch einige Hoflieferanten des Hauses Wittelsbach. Benannt ist sie aber nach Jakob Diener, einem Münchner Stadtrichter des frühen 14. Jahrhunderts.

Die Parfümerie, die auch einmal Hoflieferant war, belieferte die Wittelsbacher mit einem besonderen Wässerchen, das nicht nur Napoleon – wie man sagt – in großen Mengen über sich goss, sondern auch Kaiserin Sisi und König Ludwig II. Das Mutterhaus in Köln, Farina, wurde niemals ausgebombt, ist niemals umgezogen, und so finden sich dort noch heute die alten Bestellzettel aus den königlichen Häusern. Mittlerweile in siebter Generation von einem Johann Maria Farina geführt, ist das altehrwürdige Haus das erste, das Kölnisch Wasser herstellte. Ein Duftwasser, das nicht den Körpergeruch überdeckte, sondern unterstrich. Auch Richard Wagner hat »Farina« benutzt. Vielleicht ist das der Grund, warum sich König Ludwig, Kaiserin Sisi und Richard Wagner gegenseitig so gut riechen konnten? In München kann man dieses Wässerchen nur hier in der seit 1882 bestehenden Drogerie Wittelsbach kaufen, in der noch so manch anderes Wässerchen zu finden ist, das anderswo schon längst aus dem Verkaufsregal verbannt wurde.

Wasserbecken und Wellenschaukel

KÖNIG LUDWIG II. war allgemein in Sachen Wasser sehr fortschrittlich. Er ließ in seinen Schlössern geräumige Bäder mit beheizbaren Wasserbecken einbauen. Gepflegtes Aussehen war ihm wichtig. Unfrisiert trat er nicht einmal vor seine Dienerschaft, und so ist nicht verwunderlich, dass gerade sein Friseur Hoppe eine wichtige Stellung am Hof einnahm. Ludwigs bevorzugtes Parfum, so berichtet zumindest Kaiserin Elisabeth, war neben »Farina« das schwere süßliche »Chypre«, dessen Duft den König stets umgab.

Noch sein Großvater Ludwig I. ging einmal die Woche ins Hotel Bayerischer Hof, um dort ein Bad zu nehmen. Zu Zeiten seines Enkels verfügte das Hotel Vier Jahreszeiten über sechs Marmorbäder – eine Sensation in einer Epoche, in der nicht einmal Privathäuser Badezimmer besaßen. Immer ihrer Zeit voraus war Ludwigs Schwippcousine Sisi, die einmal im Hotel »Dittmanns Wellenbadschaukel«, eine Erfindung aus dem Jahre 1889, benutzte. Die Wirkung der Schaukel galt »als nervenstärkend und wohltuend für den Blutkreislauf«, so warb der Hersteller für sein Produkt. Diese Wellenbadschaukel – eine gerundete Spezialwanne, die der jeweilige Insasse durch Verlagerung seines Gewichts zum Schaukeln bringen konnte – war gut besucht, besonders gerne schwangen die hohen Adligen hin und her. Kaiserin »Sisi«, die Fitnesssüchtige, soll so heftig mit der Wanne geschaukelt haben, dass ihr Badewasser bis ins darunterliegende Stockwerk geflossen sei. Daraufhin mied sie das gesamte Hotel für immer und stieg fürderhin im Hotel Bayerischer Hof ab.

Aber was war diese poplige Badewanne im Vergleich zu der in der Badenburg im Nymphenburger Schlosspark: Die Badewanne von Kurfürst Max Emanuel war etwa so groß wie eine durchschnittliche Zweizimmerwohnung heute. Nur viel luxuriöser: Holländische Fliesen, Stuckmarmor und ein edles Deckenbild gehörten zur Wanne dazu. Die Badenburg liegt am südöstlichen Ende des gleichnamigen Sees im Nymphenburger Schlosspark. Das von Joseph Effner in den Jahren 1719 bis 1721 geschaffene Bauwerk gilt als erstes beheizbares Hallenbad der Neuzeit, das ausschließlich dem Badevergnügen am Hof dienen sollte. Im Untergeschoss befindet sich ein 8,70 mal 6,10 Meter großes, mit holländischen Fliesen ausgelegtes Becken, das so tief ist, dass man sogar darin schwimmen könnte. Nymphen und Najaden zieren die Decke des mit Stuckmarmor verkleideten Badesaals, der sogar über eine Galerie für Gäste verfügt. Wäre interessant zu wissen, was die da oben so beobachten konnten, was sich da unten so abspielte.

Eine öffentlich fürs Volk zugängliche Badewanne steht im Master's Home, einer schon seit fast dreißig Jahren in München fest installierten Liegegelegenheit in einem Keller, den man von der Frauenstraße aus erreicht. Nicht nur Logis, sondern auch Kost gibt es hier, italienische. Man geht aber mehr wegen der exotischen Ausstattung dahin – englischer Kolonialstil, mit Fellen an der Decke, allerhand Afrikanisches hier und da. Und man hat die Wahl, ob man in der Bibliothek des Masters, im Schlafzimmer nebst Bett oder eben im Badezimmer samt Wanne sitzt. Aber vorher muss man sich für einen der Drinks von der ellenlangen Cocktailkarte entscheiden.

Hundertwasser und sein Wiesenhaus

REVOLUTIONÄR WIE die Toilette war auch die Erfindung des Österreichers Hundertwasser, der sich so nannte, weil er einfach seinen ungarischen Namen Stowasser ins Deutsche übersetzte: Hundertwasser. Eine wahre Sensation war seinerzeit sein Auftritt in der Sendung »Wünsch Dir was«, mit Vivi Bach und Dietmar Schönherr. Die in der Zeit vom 20. Dezember 1969 bis zum 2. Dezember 1972 in 24 Folgen ausgestrahlte Fernsehshow war ziemlich umstritten. Hundertwasser verkündete damals in einer Sendung die Idee, auf Hausdächern Rasen anlegen zu wollen. Man muss sich das mal vorstellen: Rasen

Auch München hat ein Hundertwasserhaus: Im Westteil des Westparks steht das Hochwiesenhaus, allerdings nur als Modell.

---

auf einem *Dach*! Die Empörung war groß. Der gehört doch nicht auf ein Dach. Ja, lang ist es her. Originell wie Hundertwassers Idee mit dem Rasen auf dem Dach war auch die Ermittlung des Siegers einer Sendung. Denn die Zuschauer eines ausgewählten Ortes hielten den Daumen hoch oder runter, indem sie für die jeweilige Kandidatenfamilie entweder durch Einschalten von Elektrogeräten oder Drücken der Toilettenspülung votierten. In den Wasser- beziehungsweise Elektrizitätswerken der ausgewählten Städte wurde auf dem zentralen Leistungszähler der Mehrverbrauch abgelesen und so dem Fernsehpublikum mittels eines zugeschalteten Telefonats mitgeteilt.

Ein kleines Kunstwerk des Meisters steht im Westpark, das Modell des Hochwiesenhauses aus eben dieser Fernsehsendung.

Eines der weltweit größten und bedeutendsten Baukunstwerke von Friedensreich Hundertwasser steht in Magdeburg, dort blühen Blumenwiesen auf den Dächern – die Utopie von einst ist längst verwirklicht –, und »Melodien für die Füße« sollen die Besucher beschwingt durch die Innenhöfe tragen. Hundertwasser sah die Architektur als die dritte Haut des Menschen, die jeder Mensch ebenso wie seine erste Haut, die natürliche Haut, und seine zweite Haut, die Kleidung, nach seinem Willen auswählen und gestalten können muss. Hundertwasser betrachtete es als die große Aufgabe der Architektur, den Menschen ins verloren geglaubte Paradies zurückzuführen.

Und das ist in München im Ostteil des Westparks zu verorten. Im See mit den Sumpfzypressen.

Die Bäume stammen aus Nordamerika und stehen gerne im Wasser. Aber vielleicht nicht so gerne fernab von zu Hause, denn sie wollen einfach nicht weiter wachsen. Zur Durchlüftung der wasserbedeckten Wurzeln bilden sie aus waagrecht verlaufenden Wurzeln senkrecht nach oben ragende, abgerundete Auswüchse, die an ein Knie erinnern und deshalb auch Atem- oder Wurzelknie genannt werden. See und Bäume: ein Bild, wie von einem Impressionisten gemalt. Ein »Feuchtgebiet«, so ganz anders als sein gedruckter Namensvetter. Einfach nur Poesie pur.

Samma wieder flüssig

ÜBERHAUPT MUSS MAN sich das mal vorstellen: nicht mal der dicke Baedeker, das Standardwerk zu den Sehenswürdigkeiten einer Stadt, erwähnt in seiner München-Ausgabe den Westpark. Mit keinem Wort! Auch kein anderer Reiseführer! Es

Nein, das ist kein Gemälde eines Impressionisten. Das ist ein Foto von den Sumpfzypressen im Ostteil des Westparks!

gibt auch keine Publikation über diese Wunderwelt, nur gelegentlich Parkführungen. Dabei ist er der zweitgrößte Park der Stadt und – wie manche meinen – eine der interessantesten Grünanlage der Stadt, wenn nicht gar die interessanteste, voller Geheimnisse und versteckter Winkel. Die Paulaner-Werbespots, die dort in allerschönster bayerischer Biergartenatmosphäre aufgenommen wurden, genießen heute Kultstatus.

Legendär die Folge der »G'schichten aus dem Paulanergarten«, wo drei Inder Bier mit den Worten »Diesen Teppich kaufe ich nicht« bestellen, um sich dann mit »Gute Reise« für das Bier zu bedanken. Oder der Spot mit den Griechen, die auf Griechisch »Mia birra« bestellen, um dem Tischnachbarn, der gerade »I zoi dann an glei« zu sagen« »Bobobo, Ihr habt schon genug bezahlt. Das machen wir Griechen«. Woraufhin der Bayer flachst: »Na, samma wieder flüssig«. Die internationale Verständigung funktioniert also im Biergarten, auch wenn manch einer staunt, wenn sich die Bayern ihre Brotzeit selbst mitbringen. Da gab es doch neulich die Norddeutschen, die warnten: »Achtung, packt das Essen, weg, die Bedienung kommt.

Und da der Paulaner Biergarten ein derart typisch bayerischer Biergarten ist, hier eine kurze Geschichte der bayerischen Biergärten. Weil einst die Siedekessel bei sommerlichen Temperaturen schwere Brände ausgelöst hatten, durfte laut der Bayerischen Brauordnung von 1539 in der Folge nur zwischen dem 29. September und dem 23. April gebraut werden. Das Bier für den Sommer musste also kühl gelagert werden. Kluge bayerische Köpfe ließen sich die Lagerung in einem tiefen Keller einfallen, der durch den Schatten der darüber wachsenden Kastanienbäume gekühlt wurde. Die flachen Wurzeln der Kastanienbäume beschädigten die Keller nicht, der darüber gestreute Kies trug zur zusätzlichen Kühlung bei.

Die damals außerhalb der Stadt liegenden Braustätten entwickelten sich schnell zu Ausflugszielen, wo die Münchner unter Bäumen ihr kühles Bier genossen – sehr zum Verdruss der Gaststätten in der Stadt, die sich ihrer Kundschaft beraubt sahen. Auf dem Höhepunkt des Streits entschied König Maximilian im Jahr 1812, dass die Biergärten außer Broten keine weiteren Speisen verkaufen dürften. Die Biergartenbetreiber ihrerseits erlaubten, dass man sich eigene Speisen mitbrachte. Ende gut, alle satt und zufrieden.

Großkopfert

SCHWOISCHÄDEL. KÖNIGSHAUPT. CHARAKTERKOPF.

Woanders gibt's die sicher auch, die Schwoischädl, die Großkopferten, die Machtmenschen. Aber nur in München haben sie einen eigenen Namen dafür. Und nur in München sollen die Vorbilder der Großkopferten, die großhäuptigen Löwen vor der Residenz, Glück bringen, wenn man ihre Schnauzen streichelt. Mit »denen da oben« hat man hier keine Probleme, weil es ja »die da oben« nicht gäbe, wenn »die da unten« nicht auch da wären.

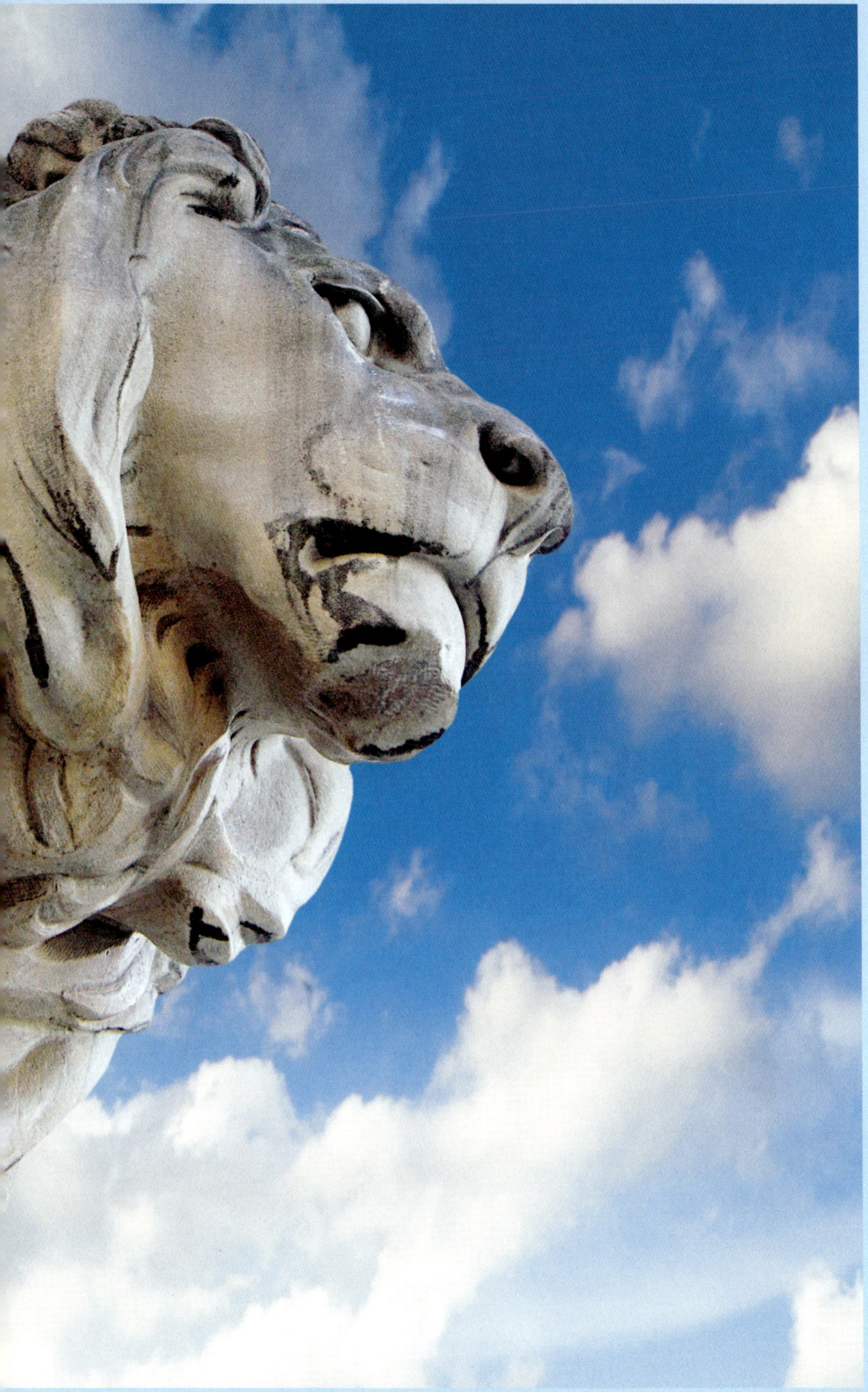

Die Bäcker und der Kaiser

»HIER NEBEN STAND das Haus, welches Kaiser Ludwig der Bayer der Bäckerbruderschaft schenkte, weil ihm die Bäckerknechte in der Schlacht bei Ampfing am 28. September 1432 das Leben gerettet.« Zugetragen hatte sich damals Folgendes: Während der wilden Schlacht bei Ampfing, respektive Mühldorf, war Kaiser Ludwig, der damals noch König war, vom Pferd gefallen und sofort von den habsburgischen Feinden umzingelt worden. Da stürzten sich die »Pöckhenknechte, die Bäckersknechte, mutig ins Kampfgewühl und schlugen für den Kaiser in spe eine Bresche. Darob sehr dankbar, bedachte der Prinz die Bäcker mit einem Anwesen im Tal, dort wo das heutige Däntl-Haus steht«.

Das ursprüngliche Gebäude wurde 1872 abgerissen, nur noch diese Gedenktafel erinnert daran. Die Geschichte hatte aber noch eine anekdotische Seite, denn der Kaiser schenkte den Bäckershelden nicht nur das Häuschen, sondern auch das Recht, ein Schwert mit sich zu führen. Das taten sie auch, und bei den sonntäglichen Wirtshausschlägereien waren sie so ganz klar im Vorteil gegenüber den anderen schwertlosen Zunftgesellen – woraufhin Ludwig der Bayer ihnen wieder das Recht entzog, ein Schwert mit sich zu führen. Und das ist der Grund, warum man heute in Münchner Bäckereien so gut wie nie ein Schwert zu sehen bekommt. Und warum anlässlich der bayerischen Landesausstellung 2014 »Ludwig der Bayer. Wir sind Kaiser!« in Regensburg Bäckereien in und um München, die der Innung angeschlossen sind, Brezen und Gebäck auch in kaiserlichen Tüten verkauften. Die Vorderseite ziert das Plakatmotiv mit dem Antlitz Ludwigs, auf der Rückseite kann man die sogenannte Bäckersage nachlesen. Eine sehr nette Idee war das.

»I know everything« – einer der klügsten Köpfe Münchens

DIE LAGE WAR BESCHEIDEN anno 1784. In Bayern gab es kaum Industrie, dafür viel Ackerland, das aber leider die Bevölkerung nicht ausreichend ernähren konnte. Etwa ein Drittel der Bayern war aufs Betteln angewiesen. Das war die Situation im Lande, als Kurfürst Karl Theodor den Amerikaner Benjamin Thompson ins Land holte, damit er die desolate Armee neu organisiere. Thompson, der später Graf Rumford heißen sollte, hatte bereits viele Leben hinter sich: als Lehrer, Offizier, autodidaktischer Physiker, Spion und Erfinder. Für einen wie ihn war es ein Leichtes, die bayerische Armee mal eben mit Bravour umzuorganisieren. Und wo er eh schon da war, brachte er noch das Anlegen des Englischen Gartens auf den Weg, ließ den Chinesischen Turm hineinstellen, den Karlsplatz anlegen und das Sozialwesen reformieren. Und außerdem sollten die Bayern mehr Kartoffeln essen. Der junge Prinz Otto sollte Jahrzehnte später diese Idee mit nach Griechenland nehmen, als er dort als König das heruntergewirtschaftete Land aufbauen sollte. Und so kommt es, dass ein Amerikaner über einen Bayer die Kartoffeln nach Griechenland brachte, die dort mehr als in jedem anderen Land noch heute zur Grundernährung der Bevölkerung gehören. Und wer noch mehr über die Geschichte der Kartoffel wissen möchte, der kann ins Kartoffelmuseum am Ostbahnhof gehen.

Rumford, auf den wie gesagt auch der Chinesische Turm im Englischen Garten zurückgeht, hat über die Chinesen gesagt: »Keine Nation hat die Erfindungen, die für den gemeinen Mann nützlich sind, zu solcher Vollkommenheit gebracht als die Chinesen. Sie und nur sie allein scheinen unter allen Völkern die einzigen gewesen zu sein, die von der Wichtigkeit der für die unteren Menschenklassen nützlichen Erfindungen einen reinen und deutlichen Begriff gehabt haben. Welchen unsterblichen Ruhm könnte sich eine Europäische Nation in Nachahmung dieses weisen Beispiels machen!« Rumford, der hat doch irgendwas mit Essen zu tun, oder? Ja genau. Mit der Rumfordsuppe, mit der mit den schlichtesten Zutaten eine nährende Suppe gebraut werden konnte mit folgenden Zutaten: Perlgraupen, Erbsen, Schnitte von feinem Weizenbrot, Salz, schwacher Bierweinessig oder vielmehr sauer gewordenes Bier, Wasser. Serviert wird sie heute wieder auf der »Oidn Wiesn«, auf dem traditionellen Teil des Münchner Oktoberfestes. Heutige Köche interpretieren die Suppe als »Alles, was fort muss«.

Man sagt ja, Johann Wolfgang von Goethe sei der letzte Universalgelehrte gewesen. Ja wirklich? Und was war dann Graf Rumford, der sich unter anderem – erfolgreich! – mit den Themen Schießpulver, Arbeitslosigkeit, Marine-Signalcodes, Uniformen, Kartoffeln, Kanonenrohre, Agronomie, Ernährungsphysiologie, Stadtplanung, Straßenbau, Suppentöpfe, Einbauküchen, Pferde, Seidenraupen, Pädagogik, Optik, Farbenlehre, Kalkbrenner, Kamine, Gletscherspalten, Landschaftsgärten, Viehseuchen, Luftverschmutzung, Wetter, Thermodynamik und Petroleumlampe beschäftigte?

Krimi um eine Mumie

EIN ÄUSSERST VIELSEITIGER und gebildeter Mensch war auch Prinzessin Therese Charlotte Marianne Auguste von Bayern, einzige Tochter des Prinzregenten Luitpold von Bayern und seiner Gattin Auguste Ferdinande von Österreich. Sie hatte von der Linie ihrer Mutter kaiserliches Blut der Maria Theresia mitbekommen – das Starke lag ihr also in den Genen! Therese interessierte sich schon als Kind für alles, was kreucht und fleucht. Sie interessierte sich für fremde Kulturen, und sprachbegabt war sie obendrein. Unterrichtet wurde sie im Palais Leuchtenberg am Odeonsplatz, wo sie später auch ihre Affen halten sollte. Sie unternahm im Jahr 1898 eine Forschungsexpedition in das westliche Südamerika. Über ihre Reise berichtete sie in einem zweibändigen Buch. Was sie so gesammelt hatte, gelangte nach ihrem Tod in diverse bayerische Museen. So auch zwei Mumien. Eine davon kam ins Staatliche Museum für Völkerkunde, wie eine schriftliche Erwähnung aus dem Jahr 1925 belegt. Und nun beginnt der Krimi: Denn über dreißig Jahre lang wurde die Mumie als Moorleiche aus dem Dachauer Moos ausgestellt und beschrieben. Nach dem Zweiten Weltkrieg wurde die »Moorleiche« mal kurze Zeit für das Opfer eines Bombenangriffs gehalten und auf christliche Weise bestattet. Dann vermutete man im Jahr 2007 Parasitenbefall und holte die »Moorleiche« aus der Kiste, in der sie lag. Und staunte – denn diese Frau konnte gar keine Moorleiche sein, dafür waren ihre Knochen viel zu gut erhalten. Und außerdem wurde sie nach dem Tod verschnürt, was auf die Inkas hindeutete, die ihre Toten so begruben. Nachdem sie im Jahr 2014 einige Monate aufs Würdigste ausgestellt wurde, soll sie für immer den Blicken der Öffentlichkeit verborgen bleiben, einfach ihre Totenruhe haben. Nicht nur ihre Herkunft, sondern auch der Tod des Inkamädchens gleicht einem Kriminalfall: Kurz vor ihrem Ableben hatte man ihr eine schwere Kopfverletzungen zugefügt – die Arme hatte aber schon zuvor unter Herzrhythmusstörungen und Darmerkrankungen gelitten. Nur fünfundzwanzig Jahre alt wurde die Frau mit der kunstvollen Flechtfrisur auf dem Kopf, die heute sicher die am besten frisierte Mumie der Welt ist.

In Münchens Ruhmeshalle hinter der Bavaria reiht sich Kopf an Kopf aneinander. Nur vier weibliche Köpfe sind darunter. Sieht man mal von dem fünften Kopf ab, den die Kunststudentin Aneta Steck im Jahr 2006 dazugeschmuggelt hatte. Sieben Monate stand ihr bleiches Ebenbild dort herum, und keiner hat es gemerkt. Wie auch, kennt man doch die meisten der hier Aufgestellten nicht. Einer der Köpfe gehört allerdings einer der wagemutigsten Mitglieder der Wittelsbacher, egal ob Männlein oder Weiblein wohlgemerkt, der Therese von Bayern, die von sich selbst sagte: »Vor nichts im Leben habe ich mich gefürchtet.«

Therese liebte Otto, den Bruder von König Ludwig II., der leider schon früh Symptome von Geistesgestörtheit zeigte. Therese aber hatte nie aufgehört, diesen Mann zu lieben, sich um ihn zu kümmern. Otto wird oft mit seinem Onkel Otto verwechselt, dem König von Griechenland, der in der Liebe mehr Glück hatte: Seine Ehe mit der Oldenburgerin Amalie galt als eine für Adlige vergleichsweise glückliche Verbindung! Nun sind sie wieder zusammen: der Otto und seine Amalie.

Nun sind sie wieder zusammen

DREISSIG JAHRE LANG war Otto König der Griechen, 1862 musste er mit seiner Frau das Land verlassen. Im Gepäck hatten sie auch ihre Büsten, die der Schweizer Bildhauer Max Imhof im Jahr 1838 in Athen geschaffen hatte. Dann waren sie verschollen, um irgendwann bei Graz auf dem Landgut von Amalies Schwester Friederike wieder aufzutauchen. Dann waren sie erneut verschwunden, bis sie 1992 wieder auftauchten. Die Büste von Otto sollte in den Kunsthandel gelangen, doch der Gründer des König-Otto-Museums in Ottobrunn erwarb sie mit Hilfe des Fördervereins und der Ernst-von-Siemens-Kunststiftung. Die Büste der Amalie wiederum sollte eigentlich im Müll landen, wohin sie ein Hausmeister zu verbringen gedachte. Doch ein Österreicher kaufte sie ihm in letzter Sekunde für fünfzig Schilling, also vier Euro, ab. Amalie kam auf verschlungenen Wegen in den Kunsthandel. Die Landessparkasse Oldenburg kaufte das Werk im Jahr 2008 für viel Geld, um ihren Großvater zu ehren, der einst die Landessparkasse gegründet hatte. Nun kam Ian Murken, der Gründer des Museums, ins Spiel, denn er bat die Sparkasse, Amalie so lange nach München zu schicken, bis der Bildhauer Alfons Neubauer einen Abdruck gefertigt hatte. Und nun sind Otto und seine Amalie seit Ende 2013 wieder vereint, so wie in ihrem Grab in der Fürstengruft der Theatinerkirche. Eigentlich sollte Amalie, die sieben Jahre nach ihrem Otto starb, in die Gruft in der Michaelskirche kommen, weil man fand, für ein zweites Grab sei in der Theatinerkirche kein Platz mehr. Aus Kummer darüber verstarb sie vorzeitig. König Ludwig II. hatte ein Herz für seine Tante und ließ sie für immer ganz eng neben ihrem Otto liegen.

Es gibt ein Porträt des jungen Prinzen Otto vor seiner Abreise nach Griechenland, gemalt von Joseph Stieler. Eigenartig nur, dass der Künstler einen dunklen drohenden Hintergrund gemalt hat, immerhin reiste der junge Prinz ja in das sonnige Griechenland. Stieler wollte mit dieser Dunkelheit die Schwierigkeiten aufzeigen, die Otto zu bewältigen hatte. Als 17-Jähriger zog König Otto I. im Jahr 1832 ins Land der Hellenen, um dort als erster König von Griechenland zu helfen, das Land aufzubauen. Dreißig Jahre war er dort im Amt und half die Verwaltung aufzubauen, bevor er schließlich von den Griechen vom Thron vertrieben wurde. Unter seiner Regentschaft wurden die administrativen Grundlagen des modernen Griechenlands geschaffen. Die griechische Gesetzgebung orientierte sich damals an deutschen Vorbildern. Sogar das bayerische Reinheitsgebot für Bier wurde nach Griechenland exportiert.

Und dann gibt es noch eine Geschichte rund um den Hund von König Otto. Es war im Jahr 2006, als der britische Kulturdiplomat Andrew Graham Bonar das König-Otto-Museum in Ottobrunn besuchte. Er war sehr begeistert und erinnerte sich an ein Geschenk, das einer seiner Vorfahren, der

Diplomat Alfred Gurthrie Graham Bonar (wenn dieser Name nicht nach einer originellen Geschichte schreit!) von Otto bekommen hatte. Dieser Bonar war einst Botschafter am Königlichen Hof in München gewesen. Er ging des Öfteren mit dem aus Griechenland vertriebenen Exkönig Otto auf die Jagd. Das Land verlassen musste er unter anderem, weil Otto und Amalia kinderlos geblieben sind, weil die Griechen keine Fremdherrschaft irgendwelcher Art mehr wollten – und weil ihnen insgesamt mal wieder nach einem Aufstand zumute war. Otto pflegte in Bamberg auch gerne diplomatische Beziehungen, da er die Hoffnung, eines Tages auf den griechischen Thron zurückzukehren, niemals aufgegeben hatte. Als dann der Diplomat von München abberufen wurde, machte er dem König ein Geschenk, einen Jagdhund, vermutlich einen Setter. König Otto revanchierte sich und schenkte dem Diplomaten einen silbernen Becher, geschmiedet von Eduard Wollenweber. Und eben diesen Becher schenkte Andrew Graham im Jahr 2006 dem Museum von Ottobrunn. König Otto hatte übrigens in seinem Bamberger Exil einen großen Teil seiner Apanage den Kretern für ihren Freiheitskampf gegen die Türken gestiftet. Heute stehen auf Kreta die Porträts der kretischen schnurrbärtigen und wild dreinschauenden Freiheitskämpfer in jedem Dorf, an jeder Straßenbiegung, aber nicht ein einziges von König Otto von Griechenland.

Vergessen wurde in Griechenland nahezu alles, was er eingeführt hatte. Vergessen wurde die westliche Insel des Landes, Nisi Othonas, die nordwestlich von Korfu liegt und nach dem König benannt wurde, weil es das erste Stück Erde ist, das König Otto auf seiner Fahrt nach Griechenland sah. Vergessen wurde, dass unter seiner Ägide 1859 ein Vorläufer der neuzeitlichen Olympischen Spiele in Athen stattfand. Nahezu vergessen wurde das ganze griechische Abenteuer.

Der Colombo der Antike

ZUR ZEIT KÖNIG OTTOS war man philhellenisch, so König Ludwig I., sein Vater und viele andere Europäer wie Lord Byron, der in Griechenland an Malaria starb. Auf diese Zeit geht München als Isar-Athen zurück. Sowohl von den Baulichkeiten als auch von den Antikensammlungen her, denn, Ludwig I. hatte alles gesammelt, was irgendwie an die Antike erinnerte.

Und so gibt es heute neben der Glyptothek auch das Museum für Abgüsse Klassischer Bildwerke und somit in beiden auch eine Büste des Sokrates. Jener hatte eine einfache Fragentechnik, die sich dann Kommissar Colombo abgeschaut hat. Sokrates stellte alles in Frage und versuchte dem Kern des Lebens auf den Grund zu gehen. Der knollennasige Zwerg mit Rundbauch war nicht schön zu nennen, aber um das ging es ja auch nicht. Die ganze haarlose Rundschädeligkeit sollte sein kompromissloses Querdenkertum aufzeigen und seine definitive geistige Erhabenheit. Jawohl!

Sokrates war der Ansicht, es gäbe eine Abstufung bei der Liebe. Zuerst verliebe man sich in die äußere Erscheinung, dann in die Seele, später in das Wissen und ganz zum Schluss in die Idee des Schönen. Die Liebe an sich hielt Sokrates für legitim, vorausgesetzt, sie artet nicht in erotische Leidenschaft aus, weil die ja das Hirn vernebelt und das Denken ausschaltet. Sokrates zog die Liebe vor, die die moralische Vollendung des Menschen zum Ziel hat und nicht so sehr die körperliche Befriedigung. Von Sex mit Kindern hielt Sokrates im Gegensatz zu vielen seiner Zeitgenossen gar nichts, weil der junge abhängige Mensch dadurch gedemütigt würde.

Rechts der Marxist, links der König

SO WIE KÖNIG OTTO nach seinem Rausschmiss aus Griechenland in seinem Bamberger Exil beharrlich seine griechische Tracht trug, so trug auch Oskar Maria Graf im New Yorker Exil beharrlich seine alte speckige Lederhose und wurde zum bestaunten Unikum in den Straßen der Megastadt. Oskar Maria Graf hat das Verhältnis der bayerischen Landbevölkerung zu ihrem König Ludwig II. punktgenau im Weltbestseller »Das Leben meiner Mutter« geschildert. Oskar Maria Graf beschrieb darin seine Kindheit in Berg am Starnberger See, sein Geburtshaus ist heute ein ansprechendes und sehr empfehlenswertes Restaurant. In Grafs Arbeitszimmer in New York hingen Seite an Seite Karl Marx (rechts) und König Ludwig (links) – ob Kommunist oder König, beide ausgeprägte Persönlichkeiten. Grafs New Yorker Arbeitszimmer ist heute originalgetreu im Münchner Stadtmuseum aufgebaut.

Der Schriftsteller pflegte im Exil gelegentlich tief in den Bierkrug zu blicken, auf dessen leeren Grund er dann dem König ins Auge blickte. Graf gab sich bei den Treffen der Deutschen im New Yorker Exil selbst wie ein König: Wer nicht ganz Ohr bei seinen Erzählungen oder Vorlesungen war, bekam seinen Zorn zu spüren, der wohl den Zornausbrüchen seines Königs in nichts nachstand. Er hatte dann eine Lebensgefährtin, die ihn vergötterte und von der er keinen Widerspruch zu erwarten hatte. Ganz wie König Ludwig II. der in den letzten Jahres seines Lebens auch nur Speichellecker und Jasager um sich dulden wollte.

Ein Dickschädel wie Graf war auch Ignaz von Döllinger, den der Schriftsteller im »Leben meiner Mutter« beschrieben hat. Anlass für den Groll der Dorfbewohner gegen Döllinger und König Ludwig war eine theologische Streitigkeit, die in

Rom tobte und infolge deren der Papst seine Unfehlbarkeit erklärte. Das ist wunderbar beschrieben im Buch »Das Leben meiner Mutter« von Oskar Maria Graf.

Einer der entschiedenen Befürworter des Unfehlbarkeitsdogmas und somit Bekämpfer von Döllinger war der Jesuit Josef Wilhelm Carl Kleutgen. Richtig skandalös war eine Geschichte, die einer aus der Kirche selbst, der Kirchenhistoriker Hubert Wolf, schrieb. Das hätte sich ein Drehbuchautor nicht grusliger ausdenken können. Es geht in diesem Kirchenkrimi um die Geschichte der Prinzessin Katharina von Hohenzollern-Sigmaringen (1817–1893), die nach zweifacher Verwitwung und einem missglückten Klosteraufenthalt in ein Kloster in Rom eintrat. Irgendwo musste sie ja hin. Geschrieben hat Hubert Wolf diesen Krimi im Historischen Kolleg in München, einem altehrwürdigen Gebäude in der Kaulbachstraße – perfekte Schreibkulisse für so ein Buch, ein Kirchenkrimi, den man keinem Autoren geglaubt hätte.

Katharina bat nach einem einjährigen Aufenthalt im Kloster der regulierten Franziskanerinnen vom Dritten Orden Sant-Ambrogio in Rom ihren Cousin, Erzbischof Gustav von Hohenlohe-Schillingsfürst, sie wieder aus dem Kloster zu holen, da sie fürchtete, dort vergiftet zu werden. Was sie anschließend der obersten Glaubensbehörde der katholischen Kirche berichtete, war ein Geflecht aus wüsten Geschichten. Die handelten unter anderem von einer falschen Heiligen, deren übersinnliche Wunder und Fähigkeiten von der Kirche selbst als vorgetäuscht entlarvt wurden, die aber dennoch in ihrem Kloster als Heilige verehrt wurde; von einem System gegenseitiger sexueller Abhängigkeit, Sex zwischen Nonnen, Sex zwischen Nonnen und Beichtvater; vom Himmel gefallenen Ringen mit Rosenduft, einem Brief der Gottesmutter Maria höchstpersönlich – ein wirrer Dallas-Sündenpfuhl aus der katholischen Klosterwelt. Während die Nonnen die gegen sie vorgebrachten Anschuldigungen nach und nach zugaben, verteidigte sich Kleutgen so geschickt, dass er mit einer Strafe von fünf Jahren Klosterhaft davonkam, die er aber nicht absitzen musste, weil sie von Papst Pius IX. persönlich auf zwei Jahre reduziert wurde. Seiner Karriere hat diese Geschichte nur wenig geschadet. Die Novizenmeisterin des Klosters, Maria Luisa, wurde mit zwanzig Jahren Inquisitionshaft bestraft, weil sie diejenige war, die die Nonnen zwang, mit ihr ins Bett zu gehen und dort sexuelle Handlungen »wider die Natur« zu vollziehen. Kleutgen war als wichtiger theologischer Berater des Papstes Pius IX. (1846–1878) einer der Männer, die entscheidend an der Formulierung des Unfehlbarkeitsdogmas beteiligt waren. Ausgerechnet er, der mehr als Fehlbare! Das Porträt des Döllinger ist auf seinem Grabmal auf dem Alten Südlichen Friedhof zu sehen.

Noch zu entdecken und wertzuschätzen

WAS WURDEN IM 19. Jahrhundert nicht Köpfe modelliert, für Häuser, Straßen, Friedhöfe. Meisterwerke an psychologischer Kunst entstanden da. Stehen immer noch da, und sind vergessen, von der Kunstgeschichte bislang schmählichst ignoriert. Kenner sagen, das läge daran, dass diese Form der Kunst im 19. Jahrhundert einen solchen Erfolg hatte, dass man sie später als inflationäre Kunst entwertete – gab ja viel zu viele davon. Obendrein beschäftigte sich damals die künstlerische Avantgarde mit neuen Formen der Kunst und wollte sich vom herrschenden Historismus abgrenzen. Die Denkmäler, Statuetten, Bildnisbüsten und Grabmäler jener Zeit gilt es also noch zu entdecken und wertzuschätzen. Eines der Meisterwerke jener Zeit steht auf dem Alten Nördlichen Friedhof, das Grabmal, das Michael Wagmüller für seine beiden Töchter entworfen

Großkopfert

Der eindrucksvolle Charakterkopf von Generalmusikdirektor Franz Lachner wurde von Michael Wagmüller geschaffen. Lachner zählt zur Spezies der »Schwoischädel«.

hatte und unter dem er jetzt auch selbst ruht. Das Werk wurde seinerzeit für seine »Majestätische Münchner Klassik« gerühmt und beurteilt als »eine Gruppe von so hoher Schönheit, daß sie jedenfalls die weitaus beste Skulptur des deutschen Salons war.«

Ein wunderbare Charakterstudie ist auch die Wagmüllersche Porträtbüste von Hofkapellmeister Franz Lachner auf dem Alten Südlichen Friedhof, die er sogar deutlich signiert hat, er muss – mit Recht – stolz auf sein Werk gewesen sein. Lachner, der sich mit Richard Wagner überhaupt nicht vertrug, verließ schließlich wegen ihm seinen Posten. Wen wundert es bei solchen Schwoischädeln alias Dickschädeln?

Ganz anders als die Büste des kopfgewaltigen Lachners ist die Porträtbüste von Pater Rupert Mayer in der Bürgersaalkirche, die ein scharf geschnittenes Asketengesicht zeigt in einem Raum voller Ruhe, einer Insel mitten in der trubeligen Fußgängerzone. Viele Münchner kommen, um vor der Büste des Paters zu beten, und noch mehr Menschen berühren mit ihrer Hand seine rechte, schon glänzende Brust – wohl in dem Wunsch, dass sich die Herzenskraft dieses Mannes auf sie übertragen möge. Er hatte während des Dritten Reichs furchtlos gegen das nationalsozialistische Regime gepredigt, das ihm daraufhin 1937 Redeverbot erteilte. Woraufhin er schriftlich mitteilte: »Trotz des gegen mich verhängten Redeverbotes werde ich weiterhin predigen, selbst dann, wenn die staatlichen Behörden meine Kanzelreden als strafbare Handlungen und als Kanzelmissbrauch bewerten sollten.« Seine Predigten brachten ihn 1938 für vier Monate ins Gefängnis nach Landsberg, wo schon vor ihm Adolf Hitler einsaß. Und später Prominente wie der Klatschreporter Michael Graeter, der das Gefängnis als »Bayerisches Alcatraz« bezeichnete. Prominenter Häftling nach ihm: Uli Hoeneß.

Weil sich Pater Rupert Mayer weigerte, das Beichtgeheimnis zu verletzen, kam er 1939 in das KZ Sachsenhausen. Ab 1940 bis Kriegsende war er dann isoliert in Kloster Ettal, jenem Kloster, dass viele Jahre später auch durch einen Missbrauchsskandal bekannt wurde. An Allerheiligen 1945 erlitt er bei seiner Predigt in der Kreuzkapelle einen Schlaganfall, dem er noch am gleichen Tag erlag. Beerdigt ist er heute in der Unterkirche des Bürgersaals, ein höchst spiritueller Ort, ein Ort, um das Pater-Rupert-Mayer-Gebet zu beten: » Herr, wie Du willst, so will ich geh'n. Und wie Du willst, soll mir gescheh'n. Hilf Deinen Willen nur versteh'n. Herr, wann Du willst, dann ist es Zeit, Und wann Du willst, bin ich bereit.

Heut und in alle Ewigkeit. Herr, was Du willst, das nehm' ich hin, Und was Du willst, ist mir Gewinn. Genug, dass ich Dein Eigen bin. Herr, weil Du's willst, d'rum ist es gut, Und weil Du's willst, d'rum hab' ich Mut. Mein Herz in Deinen Händen ruht.«

Pfusch am Scharfrichterblock

DIE NACHRICHTEN BRINGEN ja nur, wenn was passiert oder etwas nicht gut läuft. So blieb auch die Hinrichtung des Marco Bragadino nur in Erinnerung, weil sie gründlich schiefgelaufen ist. Sie war die missratenste Hinrichtung, die es je in München gegeben haben soll. Als der Scharfrichter am 26. April 1591 den Kopf des Bragadino auf dem Münchner Marienplatz abtrennen sollte, traf er nicht mit dem ersten Schlag, nicht mit dem zweiten, erst mit dem dritten. Der Scharfrichter soll betrunken oder von Kräutersäften berauscht gewesen sein, wie viele seiner Kollegen, die nur unter Drogen ihrem Beruf nachgehen konnten. Bragadino war ein Quacksalber, der ebenfalls wie viele seiner Kollegen behauptete, aus Blei Gold machen zu können. Wilhelm V. kam ihm auf die Schliche und verurteilte ihn zum Tode. Über die missratne Hinrichtung, bei der Münchner per Anweisung von oben zuschauen mussten, ob sie wollten oder nicht, waren sie so empört, dass sie den Scharfrichter lynchen wollten.

Was passierte eigentlich mit den Menschen, die am Galgenberg in der Landsberger Straße, Höhe Hackerbrücke, gehängt wurden? Sie blieben einfach hängen, bis sie von selbst herunterfielen. Wie das aussah und roch, stellt man sich lieber nicht vor. Wann genau Maria Anna von Sachsen die Nase voll hatte, ist nicht überliefert. Vielleicht war es die Zeit, als siebzehn Gehenkte auf dem Galgenberg vor sich hin hingen. Sicher ist, dass die Gattin des bayerischen Kurfürsten Max III., zu dieser Zeit die Nase voll hatte von all dem Gestank. Weshalb sie veranlasste, dass die armen Sünder beerdigt wurden. Gut für die Sünder, gut für die Nasen der Lebenden.

Eine andere Hinrichtung wollte auch so gar nicht gelingen: Es war die letzte öffentliche ihrer Art mit dem Schwert. Am 12. Mai 1854, so berichtet die Stadtchronik, »wurde der 19jährige ledige Sattlergeselle, Christian Hußendörfer [...] wegen [...] Mordes öffentlich hingerichtet. Es war diese Hinrichtung mit dem Schwert die letzte in München, da der Scharfrichter Schellerer erst mit dem siebenten Hiebe das Haupt des Delinquenten vom Rumpfe trennen konnte. Die zahlreich das Schaffot umstehende Menge brach in ein vernehmliches Murren darüber aus. Der blutige Akt hatte mehrere Übelkeiten unter dem Civil wie unter dem Militär zu Folge. Die nächst vorkommende Hinrichtung sollte nun mittelst des Fallbeiles vorgenommen werden.«

Unerfahrenheit konnte man dem Henker nicht nachsagen, war es doch seine dreiundsiebzigste Hinrichtung. Auf jeden Fall entschloss sich der Münchner Stadtrat, nach dieser üblen Geschichte zwar immer noch öffentlich, aber mit der neuen Guillotine »sauberer« köpfen zu lassen. Wenige Monate später, am 19. August 1854, war es so weit, die ersten drei Delinquenten wurden geköpft, darunter eine Frau.

Die Guillotine wurde nach dem Arzt Guillotin benannt, der 1789 die Einführung eines mechanischen Enthauptungsgerätes beantragte, auf dass die bis dahin gebräuchlichen, grausamen Hinrichtungsarten nicht mehr zum Einsatz kämen. In dieser Mission unterstützte ihn der Henker von Paris, Charles Henri Sanson, der sehr deutlich beschrieb, wie unmenschlich die Enthauptung per Schwert war. Der Königliche Leibarzt machte sich ans Werk, entwarf eine solche »niemals versagende Maschine« und benannte sie nach Guillotin. Der sollte zeitlebens darunter leiden, dass diese Tötungsmaschine nach ihm benannt wurde. Ebenso wie seine Nachfahren, die dann sogar einen anderen Namen annahmen. Ist eben schlimm, wenn man etwas andenkt und hinterher seinen guten Namen dafür hergeben muss, wie de Sade für den Sadismus und Peter Hartz für Hartz IV.

Uhren zu Tötungsmaschinen

DIESE MASCHINE WURDE in Deutschland neben »Guillotine« und »Fallbeil« auch »Fallschwertmaschine« genannt. Im 19. Jahrhundert wurde sie von einem umgebaut, dessen primäre Aufgabe nicht das Bauen von Tötungsmaschinen war. Johann Mannhardt war Hoflieferant der bayerischen Könige Ludwig I., Maximilian II. und Ludwig II. Er war Inhaber vieler Patente. Mannhardt, geboren 1798, war ein Mann, der Maßstäbe setzte. Durch ihn kam das Räderwerk der mechanischen Turmuhren in Schwung, die von nun an genau anzeigten, nicht nur was die Stunde schlug, sondern auch die Minute. Zuvor gab es auch schon Turmuhren, aber die hatten nur einen Stundenzeiger und auch noch eine Abweichung von einer viertel bis zu einer ganzen Stunde pro Tag.

1844 gründete er die Königlich Bayerische Hof-Thurmuhren-Fabrik Johann Mannhardt in München. Dass Mannhardt-Uhren besonders präzise gingen, war für die damals neu aufkommende Eisenbahnfahrt wichtig. Mannhardt hatte aber auch die Guillotine ausgetüftelt, mit der die Nazis später die Geschwister Scholl köpften – sie wurde Anfang 2014 wiederentdeckt. Mit dieser von der Firma Johann Mannhardt 1854 in München für tausend Gulden hergestellten Guillotine wurde seit 1856 die Vollstreckung der Todesstrafe durchgeführt. Sie stand zuletzt im Münchner Gefängnis Stadelheim. Münchens letzter Scharfrichter Johann Reichart hatte sie so umgebaut, dass er damit schneller die Hinrichtungen durchführen konnte. Bis zu dreißig Hinrichtungen vollbrachte

Reichhart täglich während der NS-Zeit. Das Münchner »Fallschwertbeil« hatte zusätzlich zur anmontierten Richtbank ein bewegliches Anschnallbrett, das später durch Johann Reichhart entfernt wurde, weil dadurch die Hinrichtung von drei bis vier Minuten auf drei bis vier Sekunden verkürzt wurde.

Nach dem Ende des Zweiten Weltkriegs blühte Johann Reichart fast das gleiche Schicksal wie den von ihm Hingerichteten. Eine Einheit amerikanischer Soldaten hatte ihn aufgespürt und verschleppte ihn auf einen Friedhof, um ihn dort standrechtlich zu erschießen – zumindest symbolisch. Reichart kam mit dem Schrecken davon. Denn die Soldaten brauchten ihn, um ihrerseits nun die Nazis zu Tode zu bringen. Nachdem er seine Arbeit getan hatte, kam Reichart in ein Internierungslager, wo er einen Selbstmordversuch unternahm. Nun – das kommt ja öfter vor: Die, die andere mit leichter Hand umbringen, scheitern an sich selbst. 1972 verstarb er im Alter von 78 Jahren als einsamer und armer Mann im Krankenhaus von Dorfen bei Erding. Beerdigt ist er auf dem Ostfriedhof.

Die Guillotine, die aus humanitären Gründen erfunden wurde, hatte die Massentötungen während der Französischen Revolution ermöglicht und dann die vielen Tötungen im Dritten Reich.

Schon einmal gab es Ärger mit einer bayerischen Guillotine. Anno 1832 war es, als Karl Wilhelm von Heideck, Justizminister von König Otto von Griechenland, mitsamt dem König und einem Tross von 3500 Soldaten nach Griechenland zog, um dort als Kriegsminister für Recht und Ordnung zu sorgen. Er war der Ansicht, dass man den Griechen auch diese neue, humane Art des Tötens beibringen sollte. Sie aber stellten sich stur, sie wollten wie eh und je erschossen werden, wie es einem richtigen Mann, einem Palikari, einem Kämpfer, ja zustehen würde.

Königliche Gnade

SEIT WANN ES IN MÜNCHEN überhaupt berufsmäßige Henker gab, ist nicht eindeutig zu klären. Zum ersten Mal ist im Jahr 1318 in einer Stadtkammerrechnung von einem *iugulus*, einem Halsabschneider, die Rede. Sein Nachfolger, »Magister Haimpert«, ist der erste, der namentlich erwähnt wird. Eine seiner ersten Aufgaben war es, seinen Vorgänger aufzuknüpfen, denn die im 14. und 15. Jahrhundert rasch wechselnden Münchner Henker stammten meist selbst aus dem kriminellen Milieu. Da das Hängen eine Spezialistenarbeit war, bekamen die Henker von Anfang an den Titel »Meister«. Einen Galgen gab es in München bis 1804. Er befand sich nördlich der heutigen Landsberger Straße, etwa in Höhe der Hackerbrücke. Geköpft wurde zunächst vor dem Neuhauser Tor und ab 1778 auf dem Marsfeld, etwa gegenüber dem heutigen Augustinerkeller in der Arnulfstraße. Hierzu merkt das Stadtadressbuch von 1842, das den Biergarten an dieser Stelle zu den »schönsten von München« zählt, an: »Obgleich er sich unmittelbar gegenüber der Münchner Richtstätte befindet, ist er sehr gut besucht.«

Johann von Lutz, Justiz-, dann Kultus- und dann im Außenressort wirkender Minister unter König Ludwig II., hatte eine andere Haltung zur Todesstrafe als das Volk, König Ludwig II. und die Presse, die die Todesstrafe als »dem Geiste des Christentums nicht angemessen sah«. »Herr von Lutz der unlängst bei der Debatte um die Todesstrafe mit einem Selbstbewußtsein, um welches wir ihn nicht beneiden, erklärt hat, er kümmert sich nicht um die Kritik der Presse, scheint doch allmählich in eine Sackgasse zu geraten, aus welcher er schwer herausfinden wird […] bei der Abschaffung der Todesstrafe will er keine ›Großmachtpolitik‹ betreiben und diese Straftat nicht aufheben […]. König Ludwig II. hingegen begnadigte häufig Straftäter, die zum Tode verurteilt waren. Oder er wandelte sie wie bei einem Mörder in eine lebenslängliche

Freiheitsstrafe um, die wegen Mordes verurteilte Tagelöhnerin Karolina Glaser wandelte er in zehn Jahre Zuchthaus um.« Was wiederum den Sozialdemokraten gar nicht gefiel, denn die sahen das nicht weniger als »Ausdruck eines verdorbenen Charakters an«. Die Todesstrafe wurde auch im modernen Bayern ausgeübt, bis ins Jahr 1998. Zumindest auf dem Papier. Denn erst am 20. Februar 1998 wurde sie aus der bayerischen Verfassung gestrichen, bis dahin hieß es: »Der Vollzug der Todesstrafe bedarf der Bestätigung der Staatsregierung. Die letzten Todesurteile wurden in Bayern in den Jahren 1945 bis 1949 ausgesprochen, aber nicht vollzogen, da sie in Begnadigungen umgewandelt wurden.« Seitdem ist das Köpferollen dem Schichtl auf dem Oktoberfest vorbehalten. Denn der Schichtl steht für eine der ältesten Münchner Wiesn-Traditionen – der dutzendweisen Enthauptung von lebenden Personen auf offener, hell erleuchteter Bühne mittels Guillotine. Die Münchner Zeitung Die Süddeutsche, die man wohl zu einer der besten der Welt zählen kann, hat im Januar 2015 zu dem Thema »Todesstrafe« geschrieben: »Hinrichtungsarten sind auch immer ein Thema. Die Geschichte der Methoden lässt sich anhand der heuchlerischen Frage erzählen: Was funktioniert schmerzfreier, schneller, humaner? Es gibt aber keine ›humane‹ Weise zu töten.« Außer beim Schichtl!

Kein Mosi weit und breit

FÜR VIELE IN MÜNCHEN war die Ermordung von Rudolph Moshammer ein tragisches Ereignis. Als sich am 14. Januar 2015 der Todestag des selbst ernannten Modezaren und Märchenkönigs aus der Maximilianstraße zum zehnten Mal jährte, titelte der Boulevard: »Mosi, du fehlst!« In der Basilika St. Bonifaz – in der König Ludwig und Therese begraben liegen – fand ein Gedenkgottesdienst statt. Seit Moshammers Tod erhält sie jährlich einen bestimmten Betrag aus Mosis Stiftung »Licht für Obdachlose«. Wer erinnert sich nicht an die öffentlichen Auftritte im schwarzen Mantel, die auf König Ludwig II. getrimmte Perücke auf dem Kopf und die unvermeidliche Daisy in seinem Arm? Wobei keiner wusste, wie viele Daisy-Hundedamen da eigentlich aufeinanderfolgten. Wie Josef Wilfling, der zuständige Kommissar, berichtete, wollten Hunderte die verwaiste Daisy haben, manche schickten sogar zehnseitige Bettelbriefe – zum Verwundern das Kommissars, denn »sie war doch nur eine kleine Hündin ohne Zähne, die nicht gut roch, zu dick war und das Laufen verlernt hatte«.

Mosi, der in einem denkmalgeschützten Mausoleum auf dem Ostfriedhof neben seiner Mutter beerdigt ist, fehlt wirklich! Weit und breit kein Original mehr wie er. Keine Boutique »Carneval de Venise« in der Maximilianstraße mehr, wo man mit Besuch von außerhalb immer punkten konnte, selbst bei den schlimmsten Pubertier-Teenagern – da wehte der Hauch von großer Welt, da war das legendäre Schicki-Micki-München. Moshammers Mörder, der Iraker Herisch A., wurde übrigens zu einer lebenslangen Freiheitsstrafe verurteilt. Das Kabel, mit dem Moshammer umgebracht wurde, und das Jackett nebst Krawatte, die er an seinem Todestag getragen hat, sind im Münchner Polizeimuseum in der Ettstraße ausgestellt.

Gut getarnt

IHR NAME IST NIRGENDS zu finden. Wer auf dem Alten Südfriedhof das Grab der Adele Spitzeder (Sektion 18) sucht, muss nach einem schwarzen, würfelförmigen Grabstein fahnden – auf dem er nur den Namen Schmid finden wird. Sie war der Bernie Madoff des 19. Jahrhunderts und hatte als eine Anlagebetrügerin ersten Ranges die Kleinstanleger, Arme, ja auch Kirchen und ganze Gemeinden mit ihrem Schneeballsystem in den Ruin getrieben. Als sie 1872 verhaftet wurde, hatte sie 31 000 Menschen um ihr Geld gebracht, viele von ihnen begingen Selbstmord. Adele Spitzeder wurde vor Gericht gestellt und zu drei Jahren und zehn Monaten Zuchthaus verurteilt. Der angerichtete Schaden: fünfzehn Millionen Goldmark. Wieder entlassen, lebte sie unter dem Mädchennamen ihrer Mutter und starb mit 63 Jahren an Herzversagen. Für die Kriminalpsychologie galt die Spitzeder mit »ihren breiten Schultern, eckigen Formen und eben solchen Bewegungen« als typisch homosexuell veranlagte »Männin, die von unwiderstehlicher Macht allmählich ins Kriminelle hinüberglitt« – so die Zeitschrift für Kriminalpsychologie und Strafrechtsreform 1929 über die Spitzeder. Ihr Grabstein sieht genauso aus wie sie, eben breit und von eckigen Formen.

Während Adele Spitzeder sicher schuld war im Sinne der Anklage und auch im Sinne der Moral, so gibt es eine andere Frau, bei der das bis heute nicht sicher ist. Die schuldig gesprochen wurde im Sinne der Anklage und der Moral – wobei Letzteres wohl ausschlaggebend für ihre Verurteilung war. Denn Vera Brühne – auch sie unter einem falschen Namen beerdigt, Opfer und vielleicht auch Täterin in einem der spektakulärsten Kriminalfälle der Nachkriegszeit, war eine ungemein schöne, elegante, selbstbestimmte Frau. Und das in der Nachkriegszeit. Sie wurde gemeinsam mit ihrem Bekannten Johann Ferbach angeklagt und verurteilt, den Münchner Arzt Otto Praun und dessen Geliebte aus Geldgier ermordet zu haben. Beide wurden am 19. April 1960 in Prauns Villa in Pöcking am Starnberger See ermordet aufgefunden. Nachdem zuerst von einem erweiterten Suizid ausgegangen worden war, verdächtigte man Vera Brühne als Täterin, nachdem sie als Erbin von Prauns Finca in Spanien feststand. Die Leichen der Opfer wurden obduziert und 1961 Mordanklage gegen Brühne und Ferbach erhoben. Ein Medienrummel sondergleichen begann. Der *Stern* erklärte sie für schuldig, bevor der Schuldspruch gesprochen war, und zeigte die Angeklagte als laszive Frau im hoch geschlitzten Leopardenkleid. Dass sie das für ein Kostümfest anprobierte, verschwieg die Illustrierte geflissentlich. Brühne und Ferbach wurden für schuldig befunden. Vera Brühne verblieb 18 Jahre, vom 53. bis zum 71. Lebensjahr, in Einzelhaft im Frauengefängnis Aichach und wurde dann begnadigt – durch Franz Josef Strauß persönlich, der nach Meinung mancher einer der Drahtzieher im Umfeld der wirklichen Mörder gewesen sei. 2001 ist die 91-Jährige verstorben.

Mit ihrer Bestattung wurde das berühmte Münchner Trauerinstitut Denk beauftragt. Die Bestattung auf dem Waldfriedhof Solln fand unter Ausschluss der Öffentlichkeit statt. Bis heute kennt kaum jemand das Grab der Vera Brühne. Denn sie ist bei ihrem ersten Mann bestattet, und auf ihrem Grabstein steht nicht »Brühne«, sondern der Name ihres ersten Mannes Hans Cossy und dann der Name Vera Gunkel. Bestatten lassen hat ihre Urne ihr Adoptivsohn, der sie im weißen Seidenkleid von Valentino, in ihren besten Schuhen und mit einem Cachenez angetan einäschern ließ.

Vera Brühnes einzige leibliche Tochter Sylvia starb im Alter von 49 Jahren an Zungenkrebs. Sie war es, die mit der Aussage, ihre Mutter habe ihr den Doppelmord an dem Arzt Otto Praun und seiner Haushälterin Elfriede Kloo gestanden, die entscheidende Wendung im Prozess herbeigeführt hatte. Brühne hatte in dem engen kleinen Hinterhof in der Kaulbachstraße 40, in der sie bis zu ihrem Tod lebte, zwei Pappeln gepflanzt, die noch heute da stehen. Die eine sieht aus wie die Brühne, groß, schlank, prachtvoll – ein stolzes Glanzlicht in der tristen Umgebung.

Auch du hast einen Schädel

ZUM SYMBOL DER VANITAS, dem leeren Schein, der Eitelkeit und der Vergänglichkeit alles Irdischen, wurde der Schädel. Ein Symbol, das auf vielen Grabmälern zu finden ist. Das Symbol für den Tod, den wir nicht wahrhaben wollen. Die symbolische Verbindung des Schädels mit dem Tod entstand vor allem im Barock, nach der Zeit des Dreißigjährigen Krieges. Wie sehr wir Skelette und Schädel mit Tod verbinden, musste auch die Inhaberin des Ladens Medical & More in der Sedanstraße in Haidhausen erfahren. Denn zuvor lag ihr Geschäft im besseren Lehel, was ihr eine Anzeige von einer Anwohnerin eingetragen hatte. Als gar zu unzumutbar hatte diese das im Fenster ausgestellte Skelett nebst einer wiederum mit einem Skelett bedruckten schwarzen Schürze empfunden. Isabel Christensen, die Inhaberin des Geschäfts, gab aber zu bedenken, dass auch sie, also die Dame, ein Skelett und einen Schädel hätte. Wir alle hätten das. Wie recht hat sie doch, sie, die es wagt, das Symbol des Schädels neu umzudeuten. Das Geschäft von Christensen, hauptberuflich medizinische Illustratorin, ist aus einer Sammelleidenschaft entstanden. Aus aller Herren Länder, hat sie ihre Schürzen, Salz- und Pfefferstreuer, Lampen, Stühle in Form eines Schädels oder mit Aufdruck eines Skeletts zusammengetragen. Besonders chic: die Lampe in Form eines Gehirns, auf dass einem ein Licht aufgehe. Oder soll es doch lieber Hirn im Glas sein? Der Verkaufsrenner: die »Blutreserve« als Duschgel (mit Kirscharoma). Auch immer gerne mitgenommen: Leuchtstifte, die wie Thermometer aussehen oder die »Einparkpillen«, natürlich von Männern gekauft. Auch Medikamente gegen »Schuhkauftick« gibt es hier. Die medizinischen Zeichnungen von Christensen gibt es auch als Postkarten, man möchte sie gleich rahmen und aufhängen.

Großkopfert

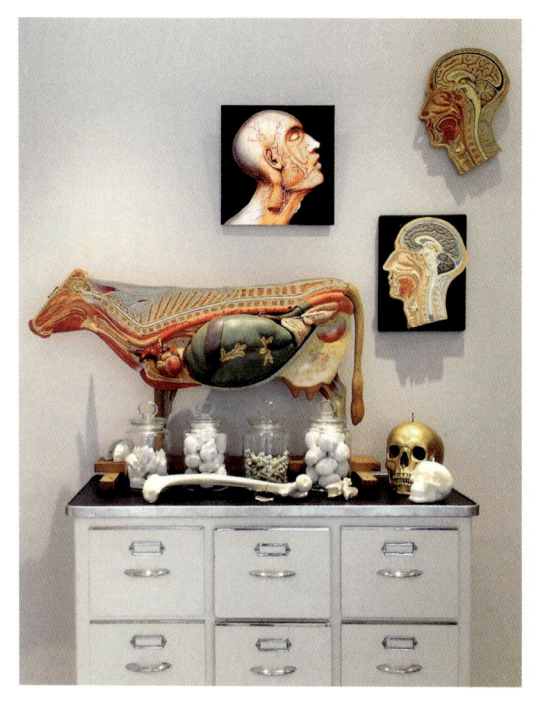

Ob Kuh oder menschlicher Schädel von innen, selbst unsere Knochen sind formvollendet wie ein Kunstwerk.

Und Christensens Kunst kann nicht ersetzt werden durch die Fotografie, denn sie stellt den inneren Körper auf eine Weise plastisch dar, wie es ein Fotoapparat niemals können wird.

Während die Schädel und Skelette in Christensens Laden eine Hommage an das Leben sind, sind die zerschossenen Knochen der wehrpathologischen Lehrsammlungen eine Erinnerung an dunkle Zeiten. In manchen der Schädel stecken noch die Schrapnelle. Bei einem anderen sieht man die verheerende Wirkung durch ein Infanteriegeschoss aus vierhundert

Metern Entfernung. Neben einer Sammlung von Schädeln sind im Museum mit dem sperrigen Namen »Die wehrgeschichtlichen und wehrpathologischen Lehrsammlungen des Sanitätsdienstes der Bundeswehr in München« auch von Geschossen zerfetzte Organe und Extremitäten ausgestellt. Die Lehrsammlung ist mit ihren über 3000 pathologischen und anatomischen Ausstellungsstücken eine der größten Kollektionen ihrer Art. Es geht um die Krankheitsbilder und Verletzungen aus der Zeit des Ersten Weltkriegs bis heute – um kranke und missgebildete Organe, von Stich-, Hieb- und Schussverletzungen. Und um die Folgen von chemischen Waffen für Organe und die Knochen. So schrecklich das alles anzusehen ist, so wären doch die meisten dieser Menschen in früheren Kriegen einfach auf dem Schlachtfeld verblutet oder an Wundbrand gestorben. Der Erste Weltkrieg war der erste Krieg, in dem es – dank Henri Dumont, dem Gründer des Roten Kreuzes – ein durchorganisiertes Sanitätswesen gab.

Der Duft von Heiligkeit

WEDER ÄSTHETISCH noch gruslig, sondern einfach nur heilig ist die königlich bekränzte und geschmückte Heilige Munditia in der urkatholischen Kirche St. Peter am Viktualienmarkt. Genaues weiß man nicht über sie. Man hat in ihrem Grab ein Blutfläschchen gefunden und geht von einem Martyrium aus. Die Inschrift APC auf dem Marmorstein vor ihrem ehemaligen Nischengrab in der römischen Cyriacus-Katakombe deutete man als Abkürzung für ihre Herkunft »Andronico Probo Consulibus«, könnte aber auch bedeuten »ascia plexa capita« – mit dem Beil enthauptet.

Der französische Pathologe und Forensiker Philippe Charlier rekonstruiert die Lebensumstände sowie die Todesursachen unbekannter sowie berühmter Menschen. Die Verstorbenen lehren die Lebenden, findet er. Er hat als erster Wissenschaftler die Überreste von Richard Löwenherz untersucht, die in einem Bleibehälter in der Kathedrale von Rouen gefunden wurden. Und – was hatte er herausgefunden? Das in Leinen gehüllte Herz duftete sehr speziell, ein künstlicher Geruch von Heiligkeit. Märtyrer sollen so riechen. Der heilige Duft besteht aus Rosen, Gänseblümchen, Minze, Weihrauch, Teeröl und Quecksilber und manchmal auch Limetten. Dieser Duft der Heiligkeit ersparte es dem oder der Verschiedenen, lange im Fegefeuer herumzutrödeln, sondern es ging gleich nach ganz oben weiter, direkt in den Himmel!

Philippe Charlier hat auch die Katakombenheiligen in St. Peter beschnüffelt, und siehe da, auch sie verströmen diesen Duft. Unter anderem die Munditia, die eigentlich *die* Heilige Münchens sein sollte, ist sie doch für Singles zuständig, und von denen gibt es ja viele in der Stadt. Munditia ist bekränzt, wie es schon Brauch bei den alten Griechen und später auch bei den Römern war. Kränze zeigten die Nähe des Betroffenen zum Göttlichen an sich, sie schmückten Braut und Bräutigam wie noch in jüngster Zeit, sie wurden bei Geburten aufgehängt und krönten siegreiche Kämpfer und Sportler, aber eben auch Verstorbene während des Begräbnisses. Und wie sich für München gehört, ist sie auch noch gut angezogen und prächtig geschmückt.

In St. Peter wird auch ein ganz besonderer Brauch gepflegt. Als der bayerische Papst Benedikt seinen Hut nahm, wurde dem Petrus am Altar der Hut, also die Tiara – eine dreifache Königskrone – abgenommen, so lange, wie der Stuhl Petri vakant war. So wird es bei jedem Papstwechsel gehandhabt. Wenn der neue Papst dann in sein Amt eingeführt wird, bekommt der Petrus seine Tiara, die in der Zwischenzeit in einem Seitenaltar stand, wieder zurück.

Es wäre ein Wunder, wenn München kein wundersames Haupt zu bieten hätte: Im Pater-Rupert-Mayer-Museum in

Heute tragen die Päpste keine Tiara mehr. Nur noch Papst Petrus sitzt sie verwegen auf dem Kopf.

---

der Bürgersaalkirche ist das sogenannte Augustiner-Kindel ausgestellt. Das lebensgroße Wickelkind wurde im Jahr 1600 der Augustinerkirche, in der heute das Jagdmuseum untergebracht ist, geschenkt, wo es alljährlich als Christkind ausgestellt wurde. Und dann im Jahr 1624 passierte es: Durch ein Missgeschick eines Augustinerfraters zerbrach der Wachskopf des Christuskindes – um kurz darauf ohne menschliches Zutun wieder zusammengefügt zu werden.

»Sexy-mini-super-flower-pop-op-cola – Alles ist in afri-cola …«

WEITAB VON JEGLICHEM Katholizismus war wohl der Werber Charles Wilp, der sich in den 1960er-Jahren getraut hat, junge Nonnen auf eine überaus weltliche Weise darzustellen. Sie bewegten sich in einem Werbespot lasziv hinter einer feuchten Glasscheibe und hauchten »Sexy-mini-super-flower-pop-op-cola – Alles ist in afri-cola …« Nonnen! Im Cola-Rausch! Das muss man sich vorstellen. Damals war das noch so richtig ein Skandal, und natürlich hat sich die katholische Kirche beschwert. Zu afria-cola gab es das passende Glas: An den Seiten eingebuchtet sollte es die Taille einer Frau im kleinen Schwarzen darstellen. An den legendären Clip erinnert eine Installation in der Designabteilung in der Pinakothek der Moderne.

Charles Wilp – der Werbestar von damals, legendär seine Overalls – wusste, was er tat. Er wollte Provokation und dann den Protest. Und alle sind sie darauf hereingefallen. Die Medien berichteten brav über den »Nonnenskandal«, die Werbefachleute regten sich auf, und die Kirche beantragte eine einstweilige Verfügung. Kann man heute nicht mehr so richtig nachvollziehen. Museal das Ganze. 1968er-Jahre. Aufstand gegen das Establishment. Mit Mick Jaggers Freundin Marianne Faithfull oder Sängerin und Schauspielerin Petula Clark unter der Haube.

Um dreißig Prozent stieg der Absatz der Marke, Wilp wäre beleidigt gewesen, hätte man nicht gegen ihn geklagt. Ein hausgemachter Skandal. Vergessen. Kaum jemand weiß, dass es afri-cola überhaupt noch gibt.

Déjà-vu

IRGENDWIE KOMMT einem das Plakat bekannt vor, das da in der U-Bahn-Station Olympiazentrum hängt, das Plakat mit den vielen Köpfen, die in die Münchner Museen locken sollen. Des Rätsels Lösung: Es hing schon in den 1980er-Jahren an der Wand, wurde überklebt und überklebt, bis im Frühjahr 2014 die Plakatwände in der U-Bahn generalsaniert und von den ganzen Überklebungen befreit wurden – bis auf die erste Schicht.

Auf eine andere Art eine Heilige, scheint das Radio in der Pinakothek der Moderne zu sein, das in der gleichen Abteilung zu sehen ist wie die lasziv hauchenden Nonnen. Auf dem Plakat ist es unten das zweite Gesicht von links. Ist es ein Ritterhelm, ein Nonnenkopf oder ein Kindermädchen? Es ist Letzteres, obwohl es auch der Helm einer Samurai-Rüstung sein könnte. Was verständlich wäre, denn der Designer des edlen Teils namens »Radio Nurse« in der Designabteilung stammt von einem japanisch-amerikanischen Künstler. Er hatte das Babyphon (in der Ausstellung fälschlicherweise als »Radio« beschriftet) anlässlich der Entführung des Lindbergh-Babys entworfen. Damals ein Aufsehen erregender Fall, nicht nur, weil es das Kind von Charles Lindbergh, dem Flieger, war, sondern weil es die erste Erpressung im Zusammenhang mit einer Entführung war. Der Prototyp des Kindermädchen-Babyphons war vermutlich eine Bestellung des Chefs der Zenith Radio Corporation, der damit seine Tochter auf seiner Jacht überwachen wollte, weil er eine Entführung fürchtete. Schade, von den Kindermädchen-Samurai-Radios gibt es nur noch ganz wenige Exemplare. Auf den Geräten stand der japanische Name des Designers. Aus Hass auf die Japaner zerstörten viele Amerikaner nach Pearl Harbour ihr Exemplar. Das hätten sie sich sparen können, denn Isamu Noguchi war gebürtiger Amerikaner.

Gütiger Himmel, was ist denn das für ein Miesepeter, der da von der U-Bahn-Wand von ganz rechts oben auf uns her-

Großkopfert

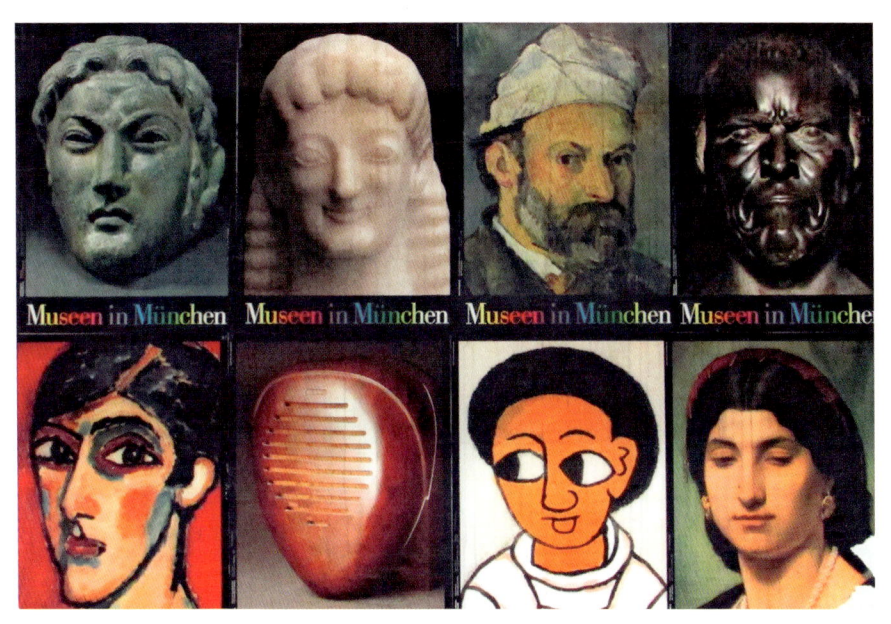

Ganz oben rechts auf dem U-Bahn-Plakat: der Grantler von Franz Xaver Messerschmidt. Untere Reihe, das zweite Gesicht von links ist die »Nurse«, ein Babyphon.

---

unterschaut? Er grantelt im Nationalmuseum vor sich hin. Kein Wunder, wer möchte schon tagaus, tagein in diesem düsteren Gebäude rumstehen? Schöpfer des Grantlers ist der Künstler Franz Xaver Messerschmidt, der mit seinen Charakterköpfen (leider steht nur einer in München) den Ausdrucksmöglichkeiten des menschlichen Gesichtes auf den Grund gehen wollte. Ihre Titel erhielten die Grimassierer erst nach dem Tod des Künstlers. »Erzbösewicht«, »Einfalt im höchsten Grad«, »Ein mit Verstopfung Behafteter« sowie »Quitten und Knödelfresser« hießen weitere Werke, die über verschiedene Museen der Welt verstreut sind. Der kurioseste dieser kuriosen Köpfe steht aber leider nicht in München, sondern im Museum

Kunstpalast in Düsseldorf. Es ist der »Gähner«, bei dessen herzhaftem Gähnen die Betrachter automatisch zu gähnen anfangen. Weil die Grimassen und Gefühlsregungen der Messerschmidtschen Köpfe nicht wirklich zu verstehen waren, machte man mit Messerschmidt das, was man halt immer mit Menschen macht, die ihrer Zeit voraus sind: Man erklärt sie für krank. In dem Münchner Museum, in dem der Messerschmidtsche Kopf steht, verstand man viele Jahre später eine ganze Künstlergeneration nicht und stellte sie in einer Ausstellung als »entartete Kunst« aus.

Einer griechischen Gottheit sei er nachempfunden, der zweite Kopf oben von links. Er sei wie seine Kollegen auch als Grabdenkmal für jung Verstorbene aufgestellt worden. Er sei nackt gewesen wie alle Athleten, die damit einem Sportler folgten, der während des Rennens sein Lendentuch abgestreift und dadurch den Sieg errungen hatte. Er sei so farbenfroh bemalt gewesen wie die anderen Statuen der Antike auch. Sein legendäres archaisches Lächeln sei ein Hinweis auf die geringe Kunstfertigkeit der damaligen Bildhauer oder der Blick eines freien und selbstbewussten Bewohners der griechischen Polis. Die Rede ist vom »Apoll von Teanea«. Ein Bild von einem kraftvollen und athletischen Mann, schön und jung. Mit einem Lächeln, das niemand vergisst, der es je gesehen hat – in München in der U-Bahnstation am Königsplatz, in der Glyptothek und im Museum für Abgüsse Klassischer Bildwerke.

Vier Männer in der U-Bahn-Station

ZUM RELAUNCH der Abendschau gab es 2012 eine neue Staffel der beliebten Werbekampagne »Wenn's so wäre, wüssten Sie's aus der Abendschau …«. Als neues Motiv dabei war eine bay-

Großkopfert

Das sind die vier Großen Bayerns – von links nach rechts:
Albrecht Dürer, König Ludwig II., die Bavaria und Jakob Fugger. Eingemeißelt
in den Mount Alpmore, zumindest auf dem Plakat.

erische Version des berühmten Mount Rushmore – mit den Gesichtern von Albrecht Dürer, Ludwig II., der Bavaria und Jakob Fugger als großformatige Reliefs in der Alpspitze im Wettersteingebirge.

Der Erste von links: schön mit kleinem Makel. Das weltberühmte Gemälde übersieht man leicht in der Alten Pinakothek. Irgendwie bescheiden hängt es da. Dürer hatte untersucht, ob es Einheitsmaße gibt, also ob eine Länge wie die Elle, der Unterarm, sich in bestimmtem Verhältnis am Rumpf oder an den Beinen wiederholt. Völlige Symmetrie (griech. *symmetria* = das Ebenmaß) mutet langweilig an. So scheint Dürer in seinem berühmten Selbstbildnis auf den ersten Blick einen

75

völlig symmetrischen Kopf gemalt zu haben. Bei genauerem Hinsehen sieht man aber kleine Asymmetrien, die dem Bild erst die Lebendigkeit geben, wie zum Beispiel der Haaransatz am Scheitel. Immer wieder gibt es in der Mode eine bewusst eingesetzte Asymmetrie, wie die verschiedenfarbigen Hosenbeine, die Mann im Mittelalter zeitweise trug. Oder Jeans mit verschiedenen Flicken oder Rissen. Modetrends dieser Art sind aber immer sehr kurzlebig. Anders als dieses Porträt, das auch heutige Menschen als schön empfinden.

Der Zweite von rechts: Hoch den Kopf! Am 11. September 1844 wurde der Kopf der Bavaria aus der Bronze türkischer Kanonen gegossen, die 1827 im griechischen Befreiungskrieg in der Schlacht von Navarino mit der ägyptisch-türkischen Flotte untergegangen und unter dem griechischen König Otto, ein Sohn Ludwigs I., gehoben und nach Europa verkauft worden waren. Das Heben des Kopfes zelebrierte der Bronzegießer und »Projektleiter« Ferdinand von Miller in einem durchgeplanten Event: Er ließ den gegossenen Kopf reinigen und ziselieren und versenkte ihn wieder in der Grube. Zum offiziellen Heben aus der Grube war König Ludwig I. samt Familie anwesend. Miller hatte 25 Arbeiter und seine Söhne Fritz und Ferdinand in dem Kopf versteckt. Der Kopf stieg aus der finsteren Grube in den brillant beleuchteten Raum. Als er vier Meter über dem Boden schwebte, wurde der Kopf mit bengalischem Feuer beleuchtet. Dazu spielte die Liedertafel-Gesellschaft ein eigens komponiertes Bavaria-Lied, und die im Kopf versteckten Menschen riefen ein Hoch auf den König aus. Dann stieg ein Mensch nach dem anderen aus dem Kopf. Der König schaute ungläubig und wollte dem Spuk zunächst nicht trauen.

Um die Jahrhundertwende vom 19. zum 20. Jahrhundert bauten ein paar Studenten auf dem Oktoberfest ein Zelt auf, in dem sie angeblich das größte und stärkste Weib der Welt zeigten. Und was sahen die Neugierigen drinnen? Durch einen Schlitz nach draußen die Bavaria …

Geboren an einem Sonntag an Weihnachten mit einem Zahn im Mund

NUR EIN PAAR HÄUSER die Ludwigstraße runter ist ein weiterer klassizistischer Palast mit einer Wittelsbacherin verbunden: mit dem der späteren Kaiserin Elisabeth von Österreich. Das Geburtshaus existiert nicht mehr, Hitler ließ es abreißen, weil hier eine Prachtstraße seines Tausendjährigen Reichs verlaufen sollte. Der Wiederaufbau des Palastes ist dem von damals allerdings vergleichbar, zumindest von außen und auch, was die großen Dimensionen anbelangt. Neben der Eingangstür hängt ein bronzenes Schild, das darauf hinweist, dass hier Sisi geboren wurde, dazu ein Konterfei, das sie wohl darstellen soll. Hm, man erkennt es nur, wenn man das weiß. Der Künstler hätte sich mal ein Beispiel an der Sisi-Weihnachtskopfkugel nehmen sollen, die es alljährlich auf Münchner Weihnachtsmärkten gibt! Die ist insofern nicht ganz richtig, da die Kaiserin Ohrringe trägt, was sie im richtigen Leben nie getan hat. Dafür sind die Sterne in Sisis Haar, als die man den Haarschmuck auf dem berühmten Bild von Franz Winterhalter gerne bezeichnet, in Wirklichkeit Edelweiß-Blumen gewesen. Denn Sisi war ja hauptsächlich ein Landkind, sommers über war man im Schloss in Possenhofen, winters über dann im Anwesen in München. Die Landesbank residiert heute in Sisis ehemaligem Geburtshaus in der Ludwigstraße/Ecke Briennerstraße, offiziell darf man nicht hinein, aber fragen lohnt sich! Denn drinnen leuchten noch Teile des Bacchusfrieses des früheren Palastes, Sisis Vater Maximilian war kein Kind von Traurigkeit! Zur Welt kam sie mit einem Zahn im Mund, an Weihnachten, an einem Sonntag! Was gleichzeitig als ein gutes als auch als ein schlechte Omen gedeutet wurde – und so war auch ihr Leben: eine Achterbahn der Gefühle.

Diese Gedenktafel hängt am Geburtshaus von
Kaiserin Sisi. Wenn nicht dort stünde, dass das die junge Sisi sein soll –
man würde es nicht erkennen.

Nun macht man in München ja touristisch gesehen wenig aus der Sisi. Immerhin gibt es Stadtführungen, sogar eine Friedhofsführung auf den Spuren der Kaiserin Sisi über den Alten Südlichen Friedhof. Und dort steht in der Nähe das Hotel Prinzessin Elisabeth in der Geyerstr. 52. »Prinzessin« wohl deshalb, weil der Name der Kaiserin markenrechtlich geschützt ist. So wie auch Kaiserin Sisi, weshalb Ernst Maruschka seine Sissi-Film-Trilogie mit Doppel-s schrieb, woraufhin sich die 2-s-Sissi jahrelang durchsetzte. Heute wird wieder die historisch korrekte Schreibweise mit nur einem »s« verwendet. Das Hotel »Prinzessin Elisabeth« ist ein Tipp für alle Sisi-Fans – denn es ist nicht nur in der Lobby, sondern auch in den Gängen mit – teilweise sehr seltenen – Sisi-Bildern geschmückt. Also nach der Friedhofsführung auf ins »Prinzessin Elisabeth« auf einen Drink! Aber Vorsicht: »Für mich keine Liebe, für mich keinen Wein, die eine macht übel, die andre macht spei'n.« Weitaus bodenständiger als seine zwei Jahre jüngere Schwester war Sisis Bruder Carl Theodor. Ein asketischer Typ, wie man an der Büste erkennen kann, die im Foyer der von ihm gegründeten Augenklinik Herzog Carl Theodor in der Nymphenburger Straße steht. Seine Frau Sophie verstarb in jungen Jahren, man konnte sie nicht behandeln, weil man nicht einmal wusste, an welcher Krankheit sie eigentlich litt. So studierte Carl Theodor Medizin, in Adelskreisen damals unüblich. An der Uni hielten sie ihn für einen gelangweilten Adligen und gaben ihm das abstoßendste Präparat zum Sezieren, das die finden konnten. Carl Theodor wurde in späteren Jahren der beste Augenarzt seiner Zeit, der unendlich vielen Menschen in seiner Augenklinik in der Nymphenburger Straße kostenlos das Augenlicht gerettet hat.

Auf dem Ostfriedhof ist Sisis anderer Bruder Ludwig beerdigt, der – Skandal! – eine Bürgerliche geheiratet hatte. Die Gräber von Sisis Bruder Ludwig und seiner Tochter Marie Larisch-Wallersee befinden sich an der Friedhofsmauer links (Eingang Tegernseer Landstraße) ganz hinten (fast wo die Mauer zu Ende ist). Wobei das Grab von Marie Larisch-Wallersee kein Kreuz, keinen Grabstein besitzt – ganz anonym ist hier nur ein kleiner Hügel zu sehen. Marie Larisch-Wallersee war eine Hofdame von Sisi, von ihr höchst vergöttert, dann fallen gelassen, als »die Larisch« heiratete. Und von Sisi nach dem Selbstmord ihrer Sohnes zur Schuldigen erklärt, weil sie den Kontakt zwischen Mary Vetsera, die er mit in den Tod nahm, hergestellt hatte. Marie Larisch wurde dann vom Hof verbannt, ging nach Amerika, kam zurück, verstarb in Augsburg verarmt in einem Altersheim und liegt hier nun namenlos begraben.

Hasenfuß im Jagdmuseum

ANDERS ALS DAS GRAB der Larisch auf dem Ostfriedhof waren die Geweihe des Anstoßes im Jagdmuseum zwar beschriftet, aber ihre braune Vergangenheit nicht thematisiert worden. Und deshalb gab es Ende 2013 viel Ärger um drei Hirschschädel samt Geweih, denn die wurden von Göring höchst persönlich erledigt. Der Skandal war perfekt. Nazi-Geweihe im Museum! Dazu schrieb eine Leserin in der Münchner Abendzeitung, wie sehr es sie schaudere, dass sie mit ihren Kindern in dieses Museum gegangen sei, ohne vor diesen Exponaten gewarnt zu werden – so schrieb sie ironisch über diese »Provinzposse«. Die Geweihe wurden dann bei Nacht und Nebel von der Wand abgehängt, wobei ihre Träger für ihre Erschießung durch einen Nationalsozialisten ebenso wenig konnten wie die Musik Wagners durch die Vereinnahmung einer Person aus der Wagnersippe. »Von ganz oben« kam die Entscheidung, wie der Mann an der Kasse des Museums sagt. »Ganz oben« heißt in diesem Fall der bayerische Jagdverband.

Der Vorwurf der Hirschkopfgegner lautete, dass Göring, einst Chef der Gestapo, noch heute im Deutschen Jagd- und Fischereimuseum geehrt würde. In dem Museum, das nach seinem Willen ein prunkvolles Jagdmuseum hätte werden sollen, denn Reichsforstmeister und Reichsjägermeister und Oberster Beauftragter für Naturschutz war der dicke Göring. Er wollte seine eigenen Jagdtrophäen entsprechend präsentiert sehen. Und da kam nichts Geringeres als Schloss Nymphenburg in Betracht. Nachdem das Tausendjährige Reich 1945 mit Karacho untergegangen war, wurde die Sammlung in das Gebäude der ehemaligen Augustinerkirche im Herzen Münchens umgezogen. Mit dabei auch die Hirschgeweihe des Größenwahnsinnigen – Hirsch »Odin« mit Görings Wappen: geschossen vom »Reichsjägermeister« selbst. Der Museumsdirektor des Deutschen Jagd- und Fischereimuseums befand vor einigen Jahren,

Großkopfert

man müsse »Göring in seiner Zeit sehen« und er sei »halt auch ein Bestandteil der Jagdgeschichte«.

Neben Göring ist noch ein weiterer Nazi in den Hallen des heutigen Jagd- und Fischereimuseums prominent vertreten, durch Exponate von Walter Frevert, der ein SA-Scherge war. Er hatte die »Kampftruppe Hermann Göring« geleitet und hundert Dörfer niederbrennen lassen, um das »Reichsjagdgebiet« zu vergrößern. Die männlichen Juden dieser Dörfer wurden erschossen, die Überlebenden in ein Vernichtungslager geschickt. Warum der Nazi im Jagdmuseum vertreten ist, liegt daran, dass »Herr Frevert wertvolle Verdienste in Sachen Hundezüchtung vorzuweisen« hat, so der Direktor.

Ganz anders als im Jagdmuseum geht man im Nationalmuseum mit den göringschen Hinterlassenschaften um. Denn hier finden sich viele Exponate aus dem Besitz von Göring, der ja eines der führenden Häupter der NSDAP war. Ganz verschämt klemmt hinter der riesigen Büste von Prinzregent Luitpold im Foyer des Bayerischen Nationalmuseums ein fotokopierter Lageplan. Darauf eingezeichnet: Werke aus dem Besitz von Hermann Göring in der Dauerausstellung des Bayerischen Nationalmuseums. Soll also keiner sagen, er sei nicht gewarnt worden vor den gefährlichen Exponaten.

Wahllos hatte sich Göring zusammengeraubt, -geklaut und -genötigt, was ihm nur so in die Hände fiel an Kunst. Nach dem Krieg übergaben die Behörden schrittweise die Kunstgegenstände den deutschen Behörden, und die wiederum verteilten sie auf diverse Museen. Göring hatte übrigens viele Madonnen und noch mehr Ritterheilige zusammengerafft. Im Nationalmuseum befinden sich mehr als 400 Objekte aus seinem Besitz. Der Oberbefehlshaber der Luftwaffe versuchte sich mit Hilfe der Kunst als Renaissancemensch zu inszenieren, gar als Universalgelehrter, tja, der später seiner Strafe durch Suizid entging.

Flanieren und Entdecken

KRUMM. GERADE. VERBORGEN.

Die Wege des Herrn sind unergründlich. Die des Flaneurs auch. Sich einfach hingeben, sich bewusst treiben lassen in der Zuversicht, zu finden, zu entdecken und einen guten Weg zu gehen. Der größte Flaneur der Stadt, der Journalist Sigi Sommer, schlendert noch heute, Hände in den Hosentaschen, durch die Rosenstraße – in Bronze gegossen.

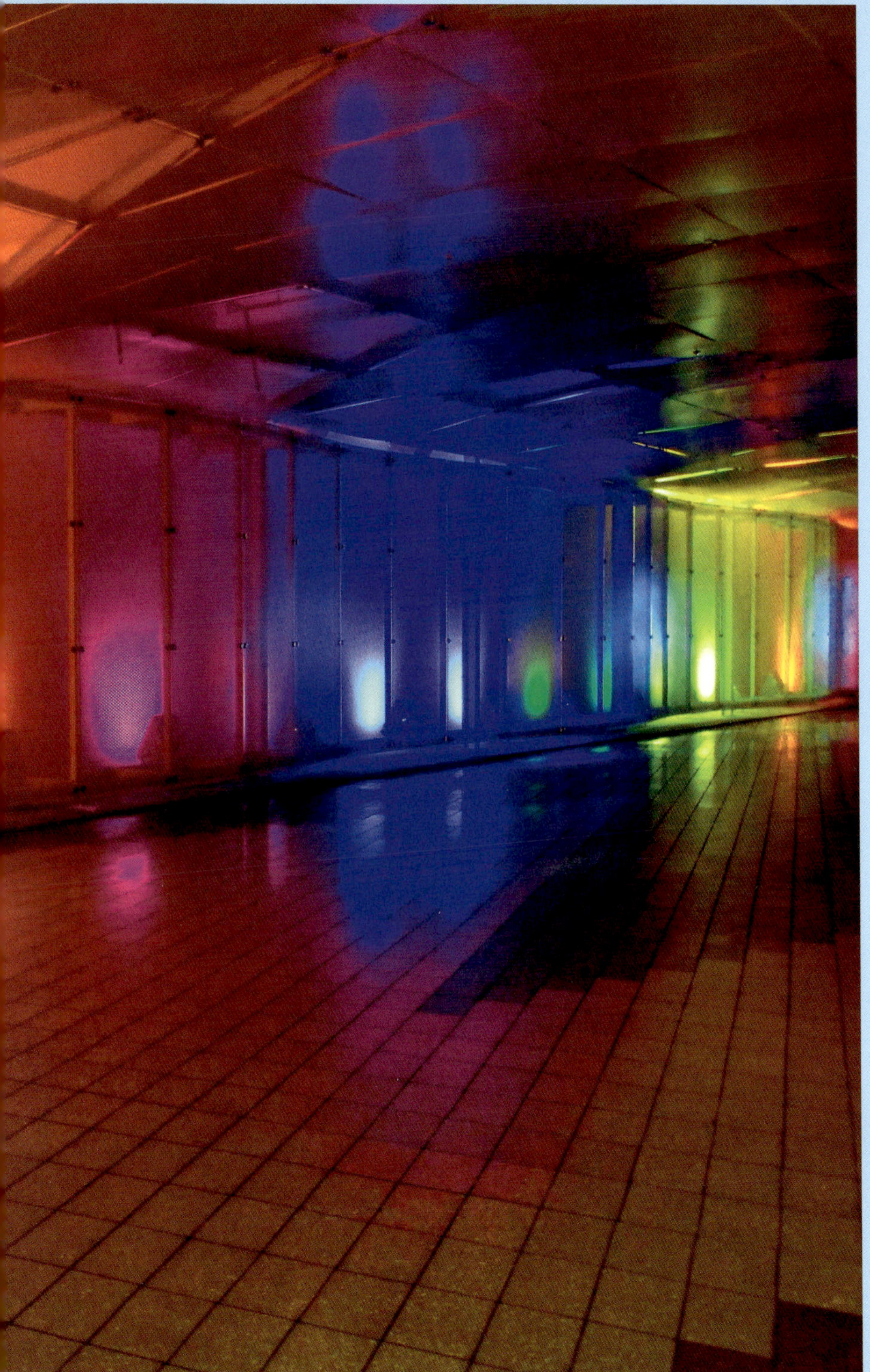

Dachauer Straße

DIE STADTWERKE MÜNCHEN haben – soweit bekannt – in ihrer Geschichte keinen braunen Fleck. Aber sie liegen an der Dachauer Straße. Und das könnte irgendwelche, wie auch immer gearteten, Rückschlüsse und Verdachtsmomente aufkommen lassen. So sind sie postalisch also historisch unverfänglich, aber schreibtechnisch umständlich an der Emmy-Noether-Straße angesiedelt, die eine Seitenstraße von der Dachauer Straße ist. Anlass genug, um sich mit Emmy Noether zu beschäftigen, denn sie ist eine der wenigen Frauen, nach der in München eine Straße benannt ist (Klara Ziegler hat eine, Ballettmeisterin Lucille Grahn hat auch eine, um zwei zu nennen). Emmy Noether war eine Mathematikerin, von der ihre Biographin Cordula Tollmin schrieb:»Als Emmy Noether 1935 starb, galt sie nicht nur als Begründerin der modernen axiomatischen Algebra, sondern als die bedeutendste Mathematikerin, die je gelebt hat, und an dieser Einschätzung hat sich bis heute nichts geändert.« Die 1882 in Erlangen geborene Jüdin, Sozialistin und Pazifistin emigrierte 1933 in die USA, litt aber schwer unter Heimweh. Neben ihren mathematischen Fähigkeiten war sie auch für die gigantischen Schüsseln voller Pudding bekannt, die sie verzehrte, während sie in höheren mathematischen Sphären schwebte.

Ewig lang ist die Dachauer Straße, nämlich 11,2 Kilometer. Unendlich unergründlich ist das Jenseits, dessen irdischen Aufenthaltsorten eine Vereinigung gewidmet ist: Der ASCE, die Association of Significant Cemeteries in Europe, also die Vereinigung bedeutender Friedhöfe in Europa. Der Wiener Zentralfriedhof und der Père Lachaise in Paris gehören dazu. Und seit Oktober 2014 auch der Waldfriedhof und der Alte Südliche Friedhof in München. Sie sind also ehrenwerte Mitglieder der Europäischen Route der Friedhofskultur, die aber nicht so sehr eine touristische Route sein soll, die es abzufahren

Flanieren und Entdecken

Im Innenhof der Stadtwerke gedeiht wohl der schönste Ampelwald der Welt. Eigentlich an der Dachauerstraße gelegen, ist die Hausadresse verschämt die Emmy-Noether-Straße.

gilt, sondern mehr so eine gedankliche Leitlinie. Warum in dieser Runde nicht auch der Alte Nördliche Friedhof zu München aufgenommen wurde, bleibt das Geheimnis des ASCE. Letzter ist also noch ein echter Geheimtipp für Freunde historischer Friedhöfe. Sowohl der Alte Südliche als auch der Alte Nördliche sind ein Abbild des Münchner Straßennetzes, denn fast alle Prominenten, die hier liegen, haben auch eine Straße in München, die ihren Namen trägt. Noch aus vollkommen undemokratischen Zeiten stammen beide Stätten, denn die wichtigsten der Wichtigen bekamen ihren Platz in der Arkadenhalle, der Walhalla der Friedhöfe. Liegeplätze an der Mauer waren auch begehrt, dann die entlang der Wege. Die Holzklasse in der Friedhofshierarchie waren die Plätze in der Mitte. Und so nimmt es nicht Wunder, dass dort auch die wenigsten Gräber erhalten sind, denn auch die Grabsteine waren meist – aus Holz.

Wie eine Apothekerflasche sieht der Grabstein von Carl Spitzweg aus, auf dem das markante Konterfei des Malers – er war eigentlich Apotheker in München – abgebildet ist. Als er noch zur Untermiete am Heumarkt 3, dem heutigen St.-Jakobs-Platz wohnte, bezahlte er seine Miete gerne mit seinen Bildern, sehr zum Verdruss seiner Vermieterin, die die Bretter nicht zum Zwiebeln Schneiden verwenden konnte, weil sie ja bunt bemalt waren. Wenig bekannt ist Spitzwegs Motiv »Der Hexenmeister« – von dem je ein Exemplar im Museum Georg Schäfer in Schweinfurt und eines in der Kunstsammlung Rudolf-August Oetker in Bielefeld hängt und das Richard Wagner und Neuschwanstein zeigt. Das aber durfte auf keinem Fall unter dem Bild stehen, denn das wäre ja Majestätsbeleidigung gewesen, und darauf stand Strafe nach Artikel 95 des Reichsstrafgesetzbuches. Der Grabstein selbst ist nur eine Kopie, das Original steht irgendwo in Harlaching in einem Garten, dessen Besitzer den Grabstein an der Isar angeschwemmt vorfand – wie er behauptet.

Die zwei Griechengräber auf dem Alten Südlichen Friedhof stammen noch aus der Zeit von König Ludwig I., der ja unter einem veritablen Griechenlandfimmel, auf gebildet Deutsch, Philhellenismus, litt. Im Falle von Ludwig I. eine unheilbare Marotte, die ihn am Schluss eine Menge Geld gekostet hat. Was zur Folge hatte, dass München, das Isar-Athen, heute griechischer aussieht als Athen in Griechenland. Was aber nicht wundert, denn das griechische Athen liegt, anders als das bayerische Athen, an keinem Fluss, und Städte, die nicht an Flüssen liegen, sind erstens extrem selten und zweitens extrem wenig schön. Nach dem bayerischen Griechenkönig Otto von Griechenland ist auch die Ottostraße in München benannt, die Amalienstraße in der Nähe aber nicht nach seiner Frau, der Amalie, sondern nach einer Tochter von König Max I. Joseph von Bayern. Dass das »y« in Bayern dem Griechenfimmel von Ludwig I., geschuldet ist, weiß man ja weithin, denn wenn er schon nicht Bürger von Athen sein durfte, sondern König von Bayern sein musste, dann sollte wenigstens im Namen irgendwas griechisch sein.

In Harlaching heißt gleich ein ganzes Viertel nach griechischen Orten und Menschen. Genauer gesagt, die Straßennamen stehen alle in Zusammenhang mit der dreißigjährigen Regierungszeit von König Otto von Griechenland, der anstelle seines Vaters von 1832 bis 1862 den König von Griechenland gab, das Land aus dem tiefsten Mittelalter und der schlimmsten Verwüstung in die Neuzeit geführt hat und zum Dank dafür nach dreißig Jahren aus dem Land gejagt wurde. Er hat nicht nur das erste griechische Bier, das Fix-Bier, die Kartoffel, die heute noch ausgiebig in Griechenland serviert wird, ein Verwaltungssystem, ein Kataster, Kirchweihfeste, die in Griechenland *Panagiri* heißen, sondern auch einen vollkommen überzüchteten Beamtenapparat hinterlassen. Zurück nach Harlaching: Die Naupliastraße heißt nach der ersten Hauptstadt von Griechenland, dort hat Otto auch zum ersten Mal griechischen Boden betreten. Das Ereignis ist von Peter von Hess eindrucksvoll, farbenfroh und detailgetreu auf wandgroßen Gemälden in der Neuen Pinakothek dargestellt. Besonders interessant das Gemälde, das König Otto mitsamt Gefolge bei seiner Ankunft in Athen zeigt. Neben ihm sein Bruder Maximilian. Die böse blickende weißhaarige Figur mit Schnurrbart und tomatenroter Jacke ist aller Wahrscheinlichkeit nach der Maler selbst. Sein Blick zeigt, dass er den griechischen Klerus nicht ausstehen konnte, was wohl auf Gegenseitigkeit beruhte. Rechts im Bild einige der 3500 Soldaten, die den jungen König

Fast wandgroß ist das wunderbare Gemälde in der Neuen Pinakothek, das die Ankunft von König Otto in Griechenland zeigt. Was gibt es hier nicht alles zu entdecken!

nach Griechenland begleiteten. Zwei Drittel von ihnen kehrten nicht nach Hause zurück, gestorben an Infektionskrankheiten und an »Nostalgia«, wie man damals das Heimweh nannte. Ist das Bild nicht wie eine Krippe aufgebaut? Mit dem Tempel als Stall, den griechischen Patriarchen als Heiligen drei Königen, den Griechen als Hirten, König Otto als Maria, Maximilian als Josef und der leeren Fläche, wo das Jesuskind liegen sollte, in diesem Fall aber wird die Idee der griechischen Befreiung vom Türkenjoch angebetet.

Die Bozzaristraße ist nach dem heldenhaften griechischen Freiheitskämpfer Markos Bozzaris benannt, der farbenprächtig griechisch gewandet mit zwei anderen *Palikari* – Helden und echte Männer – seinerzeit nach München kam, um dem 17-jährigen Otto die griechische Königsherrschaft anzudienen. Bozzaris war der Vater der schönen Griechin Katharina Bozzaris, die heute in der Schönheitengalerie in Schloss Nymphenburg hängt. Wie die Welt am Sonntag 1932 anlässlich des 100-jährigen Thronjubiläums vermeldete, soll sie die Mutter von Ottos unehelicher Tochter Erasmia von Wittelsbach gewesen sein, die eines Tages verbittert auf Nimmerwiedersehen nach Griechenland abreiste. Otto und seine Frau Amalia selbst sind kinderlos geblieben.

Ein Straßenverzeichnis jener Zeit ist auch der Alte Nördliche Friedhof, der angelegt wurde, nachdem der Alte Südliche ziemlich überfüllt war. An den hier Bestatteten sieht man, wohin der Zug der Zeit fuhr: in Richtung Neuzeit, in Richtung Technik. Hier liegen aber auch erstaunlich viele Menschen, die es in die Spitzen der Gesellschaft oder in die Herzen der Menschen schafften, einfach, weil sie eigenartig waren, oder, weil sie halt so waren, wie sie waren. Es war die Zeit, als die herrschende Klasse, der Adel, ihre Bedeutung verloren hatte, die Wirtschaft und das Kapital, also die Industriellen und die Banker, aber noch nicht das Zepter übernommen hatten.

Das Labyrinth von München

MÜNCHEN – das Isar-Athen – mit dem griechischen Ypsilon in seinem Ländernamen, beherbergt in seiner Mitte etwas, was auf die antiken Griechen zurückgehen soll, dort aber noch nicht gefunden wurde: das Gebäude, das Dädalos als Gefängnis für den kretischen König Minos als Gefängnis erbauen ließ. Das war so verschachtelt und verwinkelt, dass manche meinen, Knossos wäre das Labyrinth, ebenso wie das Rathaus am Marienplatz, das München-Labyrinth ist. Und vielleicht soll ja das Kopfsteinpflaster im Innenhof des Rathauses genau dies darstellen, wäre es nicht im Sommer von Stühlen und Sonnenschirmen vollgestellt und im Winter vom Christkindlmarkt. Aber dazwischen finden sich immer wieder Lücken, um es zu begehen, das Münchner Labyrinth. Das wäre doch mal was, im Gewühl des Marienplatzes das Symbol eines verschlungenen

Lebensweges abzuschreiten. Macht bislang keiner, zumindest wurde noch keiner gesichtet. Aber irgendjemand muss ja mal den Anfang machen.

Aber auch unter dem Marienplatz verläuft ein schier unendliches Layrinth aus Abwasserkanälen und Schächten. Wehe dem, der sich darin verirrt … Sicherer und nicht so dunkel ist da der M-Wasserweg, ein Themen-Radweg, der dem Weg des Wassers von München aus zurück an seine Quelle und weiter bis zum Tegernsee folgt.

Das Labyrinth auf Kreta steht vielleicht in Zusammenhang mit dem Nationalsozialismus. Denn es gibt dort eine verzweigte Höhle auf einem Hügel nördlich des halb verlassenen Dorfes Kastelli. Die ist so verwinkelt und verzweigt, dass manche Forscher dort das Labyrinth des Minotauros vermuten. Im Zweiten Weltkrieg als Munitionslager von den Nazis

Warum denn nach Chartres fahren? Wenn man mitten in München auch durch ein Labyrinth pilgern kann – allerdings nur im Winter und nicht zur Weihnachtszeit.

genutzt, bedienten sich die Fischer der Umgebung am Dynamit für den Fischfang. So vermutet manch einer. Griechenland und München – damals wie heute eng verbunden. Durch das verwirrende Wegesystem des inneren Rathauses bietet die Stadtinformation wöchentlich Führungen an.

Verschlungen und verwinkelt waren die Wege im Dritten Reich nicht, sieht man mal vom Drückebergergässle ab. Kerzengerade war alles, man sollte ja auch stramm marschieren können. Freie Fahrt für freie Bürger galt vielleicht, wenn überhaupt, auf der Autobahn. Aber nicht für Fußgänger, die in München an der Feldherrnhalle vorbeigingen. Denn hier wurde zu Ehren der gefallenen Putschisten vom 2. November 1923, die die Weimarer Republik untergraben wollten, ein Ehrentempel für die »Märtyrer« errichtet. Tag und Nacht wachten hier zwei Posten der SS. Wollte man nicht die Hand zum Hitlergruß erheben, nahm man einfach die Abkürzung hinter der Feldherrnhalle durch die Viscardigasse, die deshalb heute eigentlich nur noch als Drückebergergässle bekannt ist. Goldene Pflastersteine im Drückebergergässle erinnern daran. Viel diskutiert wurde 2014 über weitere Einlassungen auf der Straße, über die Stolpersteine vor all den Häusern, in denen Juden gelebt haben. Wer aber fernab der musealen Hinweise genau hinschaut, sieht noch Spuren jüdischen Lebens wie in der Ludwigstraße 7 unten an den Kellergittern, da sind nämlich Davidsterne angebracht. Ohne Beschilderung ein Stolperstein, ein Innehalten, dass hier allem Anschein nach Juden gelebt haben – vergessen, vergast, vertrieben?

Krumme Wege

NUR 27 JAHRE WAREN seit dem Zweiten Weltkrieg vergangen, als sich Otl Aicher für die olympischen Spiele 1972 an die Gestaltung des Olympischen Dorfes machte. Der international bekannte Grafikdesigner hatte als junger Mann versucht, nach den Maßstäben des Augustinus zu leben. Er hatte sich geweigert, der Hitlerjugend beizutreten, und war nach dem Krieg mit Inge Scholl, der Schwester von Hans und Sophie Scholl, verheiratet. Vor diesem Hintergrund wundert es nicht, dass seine Gestaltung der Olympischen Spiele ein einziger Gegenentwurf zu den Olympischen Spielen 1936 in Berlin war. Nicht nur in der Farbgebung des Regenbogens, sondern auch in der Gestaltung der Wege. Denn die sind nicht gerade, die sind geschwungen. Marschieren kann man halt nur auf geraden breiten Straßen. Und nicht der Gestalter gab den Weg vor, sondern das Volk. Die kleinen Trampelpfade wurden gezielt angelegt, in der Überlegung, welche Abkürzung wohl die Leute nehmen würden.

Genauso menschenfreundlich ist auch die Gestaltung der Straßen im Olympischen Dorf. Selbst viele Münchner waren bis heute noch nicht drinnen, weil das Dorf von draußen gar so abschreckend aussieht. Und weil sie nur die unterirdischen Fahrwege kennen. Geradezu revolutionär aber war und ist die Verbannung des Autoverkehrs in unterirdische Fahrstraßen, auf denen oberhalb die Fußgängerwege verlaufen. Für flüchtige Besucher des Dorfes wirkt diese Konzeption extrem abschreckend, die Unterwelt unter dem Dorf mutet wie eine einzige düstere Parkgarage an, wo schwer ein Parkplatz zu finden ist. Ist man aber erst an der Erdoberfläche, erkennt man den Kern dieser städtebaulichen Idee: Kinder können auf der Straße spielen, und alles geht gemächlich seinen Gang. Warum weltweit dieses Konzept niemals nachgeahmt wurde, bleibt bis heute ein Rätsel.

München Geisterbahnhof ist die für die Olympischen Spiele 1972 eröffnete S-Bahn-Station Olympiastadion, die 1988 stillgelegt wurde und die ein wahres Botanicum ist, in dem Lavendel, Ysop und ähnliche Pflanzen gedeihen, deren Samen vermutlich von den Balkonen des nahe gelegenen Olympiadorfs herübergeweht wurden.

Flanieren und Entdecken

Der aussichtsreichste Weg der Stadt führt vermutlich über das Olympiadach – wo im Sommer täglich Führungen angeboten werden. Am allerschönsten ist das im Herbst zur Oktoberfestzeit, wenn die Bäume im Park festlich bunt gekleidet sind. Der geheimnisvollste Weg Münchens ist aber der Westpark-Höhenweg, der, bis auf kurze Abschnitte, einmal rund um den Westpark führt. Über wurzelbewachsene Pfade, links und rechts Bäume – ein Waldweg, wie man ihn mitten in München niemals vermuten würde.

Blick vom Brückenweg aufs Heilsgeschehen

2007 WURDE AM RAND des Olympischen Dorfs und des Olympiaparks die BMW-Welt erbaut – laut Eigenwerbung hat sie mehr Besucher als Schloss Neuschwanstein! Eine geschwungene Fußgängerbrücke, die längste freitragende Brücke

»Der Weg ist das Ziel«, kann man da nur sagen angesichts der einzigartigen Brückenverbindung zwischen BMW-Welt und BMW-Museum.

FRAUENPARKPLATZ.

Gell, Frauen können halt nicht einparken, nicht mal ihren Mini kriegen sie in die Reihe rein. Wird halt blond gewesen sein, die Fahrerin. Ach Männer, entspannt euch doch!

---

in Bayern, verbindet innen die BMW-Welt von einem Ende zum anderen und führt dann außen weiter zum BMW-Museum, dem Stammwerk und dem 1972 gebauten Vierzylinder – sicherlich einer der schönsten und aussichtsreichsten Fußgängerüberwege Münchens. Und von dieser Brücke blickt man in der BMW-Welt hinab aufs Heilsgeschehen, das so nur Katholiken verstehen.

Denn das, was da unten stattfindet, ist keine Autoübergabe. Das da unten ist eine heilige Handlung. Denn die Brücke, bei BMW Galerie genannt, ist die Empore, von der man auf den Hohepriester blickt, also den, der die Autos übergibt. Die das Allerheiligste sind. In früheren Zeiten waren es die Kirchen, die bedeutende Kunstwerke geschaffen haben. Heute ist es BMW. Wo sich einst der Himmel in den Barockkirchen über die Gläubigen wölbte, ist es heute das Himmelsdach von BMW.

In der BMW-Welt sind auch die Kultautos »Mini« zu bewundern. Nur was passiert draußen, wenn »Frau« ihren Mini einparken will? Dann parkt sie ihn in München in einem Hinterhof der Sandstraße bei dem Restaurant L'Antipasto Nuovo – kopfüber nach unten an einer Brücke hängend. »Frauenparkplatz« heißt das Projekt, und keiner soll sagen, Frauen können nicht einparken!

Freiluftgalerien

IN DER »ROTEN STADT« im Olympischen Dorf zwischen der Nadistraße und der Straßbergerstraße in Richtung der Ausfahrt zum Knorr-Bremse-Werk am Fuß des Kusocinskidammes waren Graffiti schon immer geduldet – lange bevor die Stadt München 2014 das Inserat aufgab: »Gesucht: einen/eine Sachbearbeiter/in für den Bereich Street-Art/Graffiti«. Aufgabenfeld: die Akquise von Flächen neben der Vernetzung mit der Graffitti-Szene. Immerhin hatte die Street-Art 1985 in München begonnen, als sieben Jugendliche München zur Hauptstadt der Straßenkunst machten. Sie hatten in einer Nacht- und Nebelaktion eine am Bahnhof Geltendorf stehende U-Bahn von oben bis unten und hinten und vorne mit Graffiti besprüht. Seither hat sich diese Kunst, die nicht zu verwechseln ist mit den Schmiersprayern aus dem Stamme »Ich war hier«, zu einer eigenen Kunstform entwickelt. Lange Zeit nur in Paris, New York und Berlin. Nur nicht in München. Und dem soll nun abgeholfen werden. Eben mit einem eigenen Sachbearbeiter der Stadt München in Sachen Street Art. Einen großen Vorteil hat das Ganze nebenher: An legal besprühten Unterführungen gibt es weitaus weniger Vandalismus oder Verschmutzungen als an illegal besprühten Flächen.

Wie man aus einem hässlichen Platz eine interessante Freiluftgalerie machen kann, sieht man an der Candidbrücke, wo acht Zementsäulen bemalt sind. Vier Säulen mit etwas düsteren Bildern über Flucht und Asyl, die vier anderen »hell und freundlich«, so die Vorgabe des Baureferats.

Graffitti gab es schon im alten Ägypten und in der Antike. Nur heute sind sie mit den Sprühdosen mal so nebenher schnell an die Wand gesprüht. Professionelle Sprayer der Neuzeit unterscheiden streng zwischen sogenannten Tags (dämliche Schmierereien an den Wänden) und Style-Writings – ästhetisch anspruchsvollen Kunstwerken, so ist zumindest ihr Anspruch.

Die verlorene Krone des Kini

IN DER ROTHMUNDSTRASSE 6 steht einfach eine Krone auf einem Dach herum. Sie ist so eine Art Muster, das Original steht auf dem Landgericht in Landau/Pfalz. Die Firma Sporer Lorenz Spenglerei konnte von den königlichen Aufträgen nicht mehr profitieren: Sie wurde 1862 gegründet, vier Jahre vor König Ludwigs II. Tod. Eine zweite Königskrone galt jahrelang als verschollen. Sie schmückte einst die Ummantelung des König-Ludwig-Denkmals auf der Corneliusbrücke. Das letzte Bild stammt aus dem Jahr 1986, als sie im Bauhof Sendling fotografiert wurde. Und dann verschwand sie. Laut Bauhof-Mitarbeitern war sie »zur zeit unauffindbar«. Die *Abendzeitung* und die *tz* lieferten sich einen Wettbewerb, wer von ihren Lesern die Krone schneller auffinden würde.

Die Leser der *tz* machten das Rennen. Eine Frau meldete, dass sie in einem Hinterhof der Franziskanerstraße 8, auf dem Gelände des städtischen Amtes für Wohnen und Migration, zu finden sei als Teil eines Skulpturenweges, der im Rahmen der Aktion »Kunst am Bau« geschaffen wurde – anlässlich des Neubaus des Wohnungsamtes zwischen Franziskanerstraße

Flanieren und Entdecken

Wo, um Himmels willen, steht einfach eine Krone auf der Straße herum? Genau, im königlich-göttlichen München.

und Gallmayerstraße. Der Künstler hat damals ganz einfach mehrere Fragmente des König-Ludwig-Denkmals für sein Konzept verwendet.

Ich weiß, wofür ich sterbe

AUCH MANCHE STRASSENNAMEN sind eine spannende Entdeckung. Münchens am häufigsten gestohlenes Straßenschild ist das von der »Lachnerstraße« in Neuhausen. Manche meinen wohl, das hätte mit »lachen« zu tun, dabei ist es nach Hofkapellmeister Franz Lachner benannt. Gerne auch geklaut wird das Schild »Am Platzl«, passt ja zu Hause gut über den Esstisch oder die Sitzecke. Und ist eine schöne Erinnerung an den Besuch im Hofbräuhaus, das am Platzl steht. Kurios auch die Kuhfluchtstraße, Salzmesserstraße, Scharfreiterstraße. Tragisch hingegen der Walter-Klingenbeck-Weg, der von der historisch anmutenden Kaulbachstraße abzweigt. Walter Klingenbeck kämpfte von der Wohnung seiner Eltern in der Amalienstraße 44 aus gegen die Nazis. Zuerst traf er sich mit Freunden, um unerlaubt ausländische Radiosender abzuhören. Später baute der Schalttechnik-Lehrling einen Geheimsender, mit dem er und seine Gruppe anti-nationalistische Beiträge verbreiten wollten. Als Klingenbeck von seiner Aktion erzählte, Victory-Zeichen an Gebäude in Bogenhausen gemalt zu haben, wurde er denunziert. Am 5. August 1943 wurde Klingenbeck im Alter von nur neunzehn Jahren hingerichtet. »Nimm die ganze Sache nicht tragisch«, schrieb Klingenbeck an seinem Todestag einem Freund. »Ich weiß, wofür ich sterbe.«

Auf dass uns ein Licht aufgehe

EIGENARTIG, IN MÜNCHEN gibt es mehrere Lichtinstallationen in den Farben Rot, Blau, Grün, Gelb. Das waren auch die Farben, in denen der Kini seine Venusgrotte illuminieren und in denen er die Zimmer in seinen Schlössern ausstatten ließ. Das Lichtkunstwerk »Lightway« des Künstlers Keith Sonnier im Terminal 1 des Münchner Flughafens soll die gefühlt endlose Strecke zu den Gates zur Lichtnummer werden lassen, sogar zum Erlebnisraum. Im Architekten-Latein liest sich das dann auf der Homepage des Flughafens so: »Architektonischer

Rhythmus und das dynamische Moment, also der reale Raum und dessen Funktion, werden mit den Medien Licht und Spiegel künstlerisch aufgenommen und in neue Erscheinungsbilder transformiert. Dabei kommt es in der räumlichen Abfolge zu einem phantasievollen Spiel zwischen dem realen Raum und seinen metamorphisch veränderten, verfremdeten Bereichen. In diese Bildabfolge von Realem und Fiktivem ist der Mensch durch Spiegel und Bewegung stets und unmittelbar einbezogen. Die Absicht des Künstlers bei der Entwicklung des ›Licht-Kunstwerkes‹ für dieses Projekt war es, ein Ambiente zu schaffen, das dem Betrachter hilft, den Stress der Reise leichter zu ertragen. Der Flughafen ist die erste und letzte Station für ankommende und abfliegende Passagiere. Dieser Ort sollte einen bleibenden ersten und letzten Eindruck hinterlassen.«

Von dieser Idee hat wohl der Architekt des Übergangsraums vom Flughafen zum architektonisch wirklich beeindrucken Kempinski-Hotel abgekupfert. Denn dieser Übergangsraum ist ebenfalls in diesen Farben gestaltet – man glaubt, in eine bunte Zauberwelt einzutreten.

Auch die U-Bahn-Station Candidplatz erstrahlt in den Farben Blau, Gelb, Rot. Begonnen hat der U-Bahn-Bau in München 1965, wo in der Ungererstraße eine Plakette daran erinnert. Am 1. Februar 1965 wurde mit der ersten Nord-Süd-Verbindung entlang des Nordfriedhofs in der Ungererstraße angefangen. Eine Gedenktafel erinnert an den Tag, an dem der damalige bayerische Ministerpräsident Alfons Goppel mit Oberbürgermeister Hans-Jochen Vogel den ersten Spatenstich vornahm.

Villa Flora beim Stern von München

FRÜHER LAG DIESE VILLA am Brunnen vor den Toren der Stadt. Bis dann kurz vor dem Ersten Weltkrieg die Hansastraße gebaut wurde, heute die Adresse des Herzens der Autofahrer, das Herz der Finsternis, als im Jahr 2013 der ADAC-Skandal war. Welch mächtige Mächte da walteten, sieht man an der ADAC-Zentrale in der Hansastraße, architektonisch etwas anthroposophisch geschwungen, aber dennoch den Nimbus »der da oben« ausstrahlend. Und ganz klein gegenüber liegt die Villa Flora, die am Brunnen. Dem Verkehr war sie auch gewidmet wie ihr Pendant gegenüber, aber damals rumpelten noch die Postkutschen durch die bayerischen Lande. Hier wurden die Pferde gewechselt. Als es dann mehr in Richtung ADAC ging, das mobile Leben, wurde aus der Posthalterei eine Gaststätte, »Villa Flora« getauft. Da hier gerne die SPD tagte, schoben die Nazis 1937 dem einen Riegel vor, enteigneten den Besitzer und übergaben die Villa der Stadt München. Das verschachtelte Anwesen ist von innen eine solche Augenweide, wie es von außen unscheinbar ist. Mittags kommen gerne die vom ADAC-Komplex hierher zum Essen, sicher nicht nur wegen der Nähe, sondern auch wegen der überschaubaren Gemütlichkeit. Und einen Biergarten gibt es natürlich auch – wie es sich gehört im königlich bayerischen München. Die tausend Fenster des ADAC-Turms schimmern in zweiundzwanzig verschiedenen Farben, und die flachen Vorbauten ähneln von oben einem halben Stern. Weshalb das imposante Gebäude auch seinen Spitznamen weg hat: »Stern von Sendling«.

Beim Stichwort »Stern« erinnert sich manch Münchner übrigens an die legendäre doppelseitige Werbung in der Süddeutschen Zeitung, die im Hintergrund ein Mercedesgebäude mit dem großen Stern obenauf zeigte. Dazu den Text: »Mercedes München gratuliert BMW zur neuen BMW-Welt und wünscht: ›Möge sie UNTER einem guten STERN stehen!‹« Gemeint war mit dem Wunsch und der Werbung die Eröffnung der BMW-Welt im Jahr 2007 beim Münchner Olympiapark.

München ist halt ein Kraftort. Auch in geomantischer Hinsicht. Denn von hier verläuft eine »Drachenlinie« vom Norden der Stadt über das Isarhochufer, Kloster Schäftlarn, Weipertshausen, Bernried, die Insel Wörth im Staffelsee, das Murnauer Moos, Kloster Ettal, die Zugspitze bis zum Drachensee im Gebirge der Mieminger Kette in Tirol. Was denn »Drachenlinien« sind? Kurz gesagt, es sind Wege durch extrem vitalisierende und Kraft spendende Landschaften. Wie auch immer – jeder Fußweg an sich ist ein »Drachenweg«.

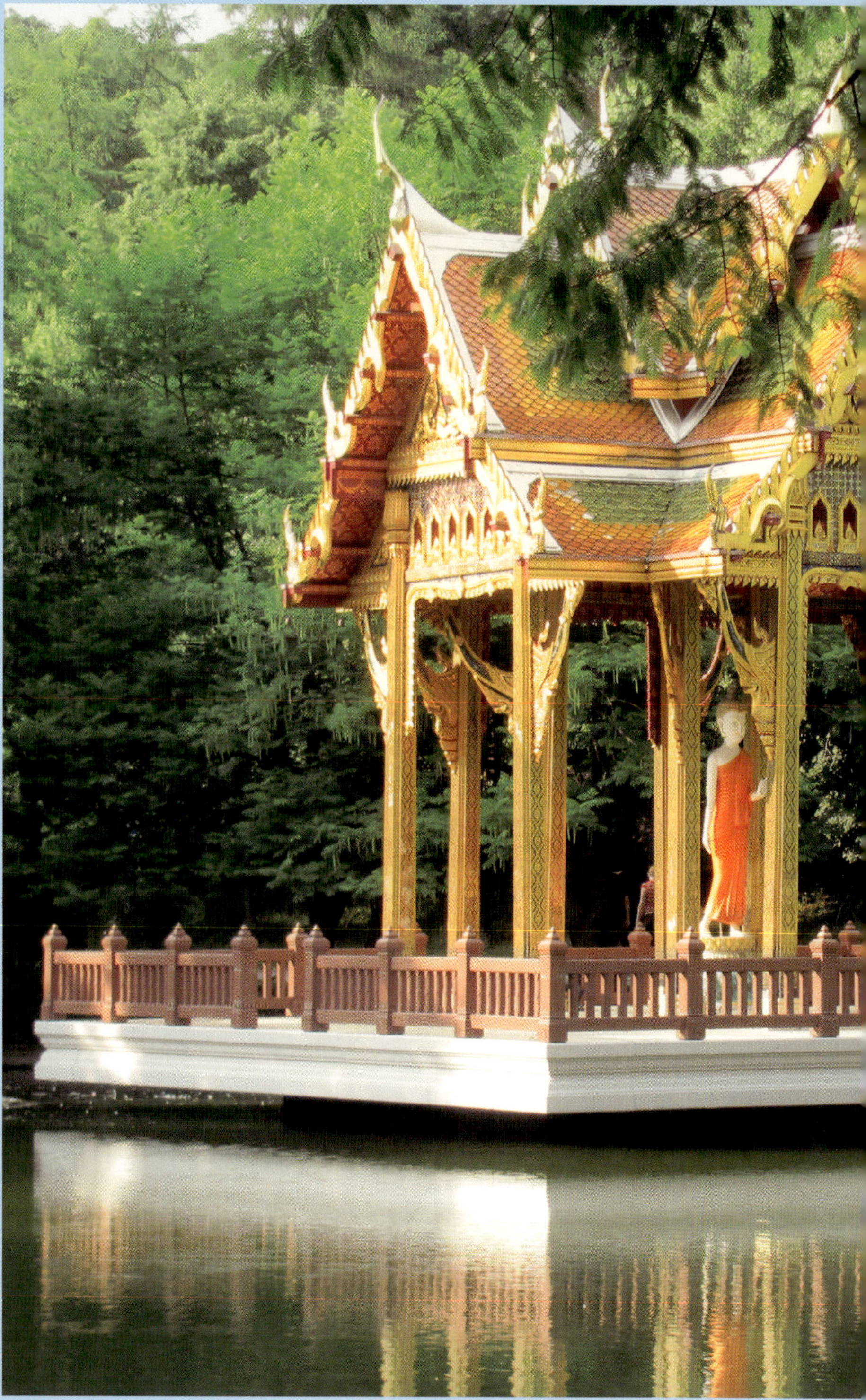

Reif für die Insel

ASIATISCH. BIERSELIG. EXOTISCH.

Das Wörterbuch bezeichnet eine Insel zum einen als »ein Stück Land, das auf allen Seiten von Meer umschlossen ist.« Zum anderen aber auch als »Ort, wo ganz andere (meist bessere) Bedingungen herrschen als in der ihn umgebenden Welt.« Ach München, wer zählt deine Inseln der Seligen?

Eine Insel im Moos

SO WAS. Keiner kennt sie, keiner hat je von ihr gehört. Und doch liegt sie unübersehbar in der Landschaft, im Erdinger Moos. Aber eigentlich ist sie nur von der Luft aus zu sehen, wie die endlosen Linien und gigantischen Figuren, die vor Zeiten in den Wüstenboden Perus gescharrt worden sind. Die »Insel der Zeit«. Als sie 1994 im Erdinger Moos beim Flughafen eschaffen wurde, musste nichts angekarrt und nichts weggekarrt werden. Der Isarkies wurde einfach ausgehoben und aufgeschichtet zu vier Meter hohen Wällen, die so eine Art liegenden oder »heiligen« Knoten bilden auf einem 260 Meter langen und 200 Meter breiten Areal.

Die Münchner »Insel der Zeit« ist beim An- oder Abflug höchstens zwölf Sekunden lang zu sehen. Keine Landebahn für Flugzeuge sollte das sein, wäre ja auch etwas kompliziert diese Landung in den Ackerfurchen, aber eine für das Morgenlicht, den Flugsamen, den Schnee, die Libellen und für die nicht verplante Zeit. Also die gebaute Antithese zum nahen Flughafen – so meinte Karl Schlamminger, neben Wilhelm Holderied einer der Erschaffer der Insel. Im Buch »Eine Insel für die Zeit – ein Erdzeichen entsteht« von Wilhelm Holderied ist zu lesen, dass Orientierung immer einen festen Punkt voraussetze. Und darum sei der Mensch stets um eine imaginäre »Mitte« bemüht. Als geometrische Form gehöre der Kreis seit Jahrhunderten zu jenen Symbolen, die uns Vollkommenheit, Sicherheit und Ruhe suggerieren. Langsam und ruhig werde der Schritt des Besuchers, der sich zwischen den vier Meter hohen Furchen bewegt. Kein Ausweichen nach rechts und nach links, keine Verirrungen, nur ein Vorwärts gebe es – das bedeute Konzentration und Orientierung auf sich selbst. Wenn man das Erdzeichen nach Ablauf von zehn Jahren Pacht nicht einebne, so Schlamminger, »wird es noch nach Jahrhunderten aus der Luft zu erkennen sein«. Es wurde nicht eingeebnet ...

»I'm on an island«

WAS WAR DAS DAMALS für eine Aufregung, als es um den Tunnel am mittleren Ring ging. Man solle lieber Kindergärten bauen statt einen Tunnel für die Autos, meinten manche. Irgendwie wurde beides draus, ein Tunnel, aber auch ein Kindergarten, oder zumindest ein Kinderspielplatz. Der Petuelpark über dem Petueltunnel ist eine Insel über dem Moloch Mittlerer Ring. Und ein Kunst-Raum, in dem dreizehn Kunstwerke, teilweise recht versteckte, zu entdecken sind. Wie die braunen Stiefel, die wie vergessen auf dem Kieselstrand der kleinen Insel im Park stehen, man kann sie leicht übersehen. In unregelmäßigen Abständen geben die gummierten Bronzeguss-Stiefel unter Gurgeln und Plätschern bis zu sieben Meter hohe Wasserfontänen von sich. Ebenfalls leicht zu übersehen ist die Insel inmitten einer Eibenhecke. »In den Ländern, die ein härteres Klima haben als die warmen Mittelmeerländer, ist Faulenzen eine schwierige Angelegenheit, und man müsste zu diesem Zwecke eine breit angelegte Propagandakampagne starten«, stellte der Philosoph Bertrand Russell im Jahr 1935 fest. Seit damals müssen wir ja noch mehr *busy* sein denn je, und außerdem noch permanent online obendrein! Und da hilft eine Auszeit im *Hortus conclusus*, dem abgeschiedenen intimen Gartenareal in historischen Parkanlagen. Ein privater Raum mitten im öffentlichen Raum. Sieben (die mystische Zahl!) historische Stühle aus dem Jardin du Luxembourg in Paris stehen hier wie zufällig herum. Und tagtäglich Punkt 16.15 Uhr ertönt vom Band dann in bester Qualität ein Kurkonzert der Moderne. Der Künstler, Rodney Graham, singt hier mit seiner Band aus Seattle und zwei Chorsängern von Puff Daddy betont gelangweilt den Song von The Kinks: »I'm on an island.«

Die Insel der Verwandlung ist von Eibenhecken umrahmt. Als immergrüner Nadelbaum gilt die Eibe als Symbol für ewiges Leben. Ihren Ruf als Sinnbild für Unsterblichkeit hat die

Eibe auch noch aus anderen Gründen: Eiben werden sehr alt, zweitausend Jahre können sie werden, und sie haben ein ausgedehntes Wurzelsystem. Aus ihrem Wurzelgeflecht können sie sich selbst dann regenerieren, wenn der Stamm zerstört oder verfault ist. Eiben sind wahre Überlebenskünstler. Sie wachsen im Schatten wie in der prallen Sonne. Sie überleben sogar auf felsigem Boden. Alles an der Eibe ist hochgiftig, außer dem roten Fleisch um den Fruchtkern. Sogar die Ausdünstungen sind giftig. Soll heißen: Wer unter einer Eibe schläft, wacht morgens je nach Windrichtung, nicht mehr auf. Aber Vorsicht: Gärtner erzählen, dass die Leute, die die Eiben beschneiden, ihre Arbeit nicht länger als eine halbe Stunde ohne Unterbrechung machen können, da sie starke Kopfschmerzen bekommen. Die Eibe ist schon ein eigenartiges Gewächs: Auf der einen Seite ist sie ein Nadelgewächs, andererseits bildet sie aber keine Samenzapfen wie die Fichten und die Tannen, sondern rote Scheinbeeren. Deren rote Hülle ist wirklich das Einzige, was an der Eibe nicht hochgiftig ist! Esoteriker wissen: Eiben verändern uns, Eiben verwandeln uns. Wer das nicht ertragen kann, sollte einen großen Bogen um die Insel im Petuelpark machen!

Nach so viel Esoterik nun ins Parkcafé Ludwig im Petuelpark. Und da kommt schon wieder eine Insel ins Spiel: die Herreninsel im Chiemsee, auf der Schloss Herrenchiemsee steht. Umgeben ist es von einem Barockgarten mit einem *Tapis vert* (französisch: grüner Teppich) davor, einem Element der barocken Gartengestaltung. Es handelt sich dabei um eine große Rasenfläche mit gestutztem Bewuchs, die nicht durch Hecken umrahmt wird und die nicht bepflanzt ist. Das Tapis Vert soll gerade wegen seiner schlichten Gestaltung einen Kontrast zu der übrigen Gartengestaltung darstellen. Und genau so einen Tapis Vert gibt es auch im Petuelpark, dessen Café – man ahnt es – nach König Ludwig II. benannt ist, der ja sein Schloss Herrenchiemsee dem Sonnenkönig gewidmet hat,

Reif für die Insel

Ja, das hier auf dem Logo ist der Kini. Ohne ihn geht halt nichts in Bayern.

dessen Schloss diese barocke absolutistische Gartengestaltung mit den geraden Linien hatte. Und das Logo des Cafés zeigt König Ludwig II. in einem Gemälde von Georg Schachinger, das den König in der Pose des Sonnenkönigs zeigt. Da wir aber in der Neuzeit leben, stützt sich der König auf dem Logo nicht auf einen Stock, sondern er trägt eine Blume in der Hand. Vom Rumwandern im Park drückt jetzt doch der Schuh, besonders, wenn er einer mit Absatz ist, wie der Schuh, den König Ludwig auf dem Logo trägt. Ursprünglich zimmerten sich persische Krieger zu Zeiten der Völkerwanderung einen kleinen Haken unter ihre Reitstiefel, um bei einem Angriff von Feinden nicht aus dem Steigbügel zu rutschen. Modern wurde der Männerstöckelschuh aber erst mit dem Sonnenkönig, der sich mit weißen Strumpfhosen und Schuhen mit Absätzen abbilden ließ. Und Ludwig II. tat es ihm nach. Der Mantel ist übrigens im sehr sehenswerten »Museum der bayerischen Könige« in Hohenschwangau ausgestellt. Und die Schuhe des Königs, die landeten auf verschlungenen Wegen im »Historischen Schuhmuseum« in Landsberg am Lech. Es leben die Schuhsammler, denn Schuhe sind das Erste, was nach dem Ableben eines Menschen entsorgt wird.

Die Rettungsinsel

WEGEN ANGEBLICHER Geistesgestörtheit wurde König Ludwig II. für unmündig erklärt, der Rest ist bekannt. Er war ja in einer argen Lebenskrise. Ob nun die Königswürde wegbricht und die Ehe kaputtgeht oder die Arbeitsstelle weg ist – Menschen kommen in Krisen und sind somit, sprichwörtlich, reif für die Insel. Eine der zahllosen wunderbaren Hinterlassenschaften der Olympischen Spiele 1972 ist »Die Münchner Insel«, die sich als psychologische und psychosoziale Fachstelle versteht. Hierher kann man sich in jeglicher Lebenskrise flüchten.

Als Mitte der 1960er-Jahre das größte Bauprojekt nach dem Zweiten Weltkrieg in Angriff genommen wurde, das S- und U-Bahn-Netz, entstanden maulwurfsgleich verschachtelte, labyrinthartige unterirdische Baustellen, mit mehrstöckig übereinanderliegenden Bahnsteigen, Treppenhäusern, Nebenanlagen und Zwischengeschossen. Eine verwinkelte Welt, in der man sich leicht verlieren konnte und durch die sich täglich Hunderttausende von Menschen schieben sollten. Ein Lebensraum, in dem auch Probleme entstehen würden, wie der Vereinspfarrer der Inneren Mission, Hans Martin Nägelsbach, damals vorausgesehen hatte. Er plädierte als Erster dafür, hier eine unkomplizierte Anlaufstelle für Menschen in einer problematischen Situation einzurichten. Am 20. April 1972, noch vor Inbetriebnahme der U-Bahn am 28. Mai, wurde die »Insel« im Untergeschoss des U-Bahnhofes »Marienplatz« mit einem feierlichen Gottesdienst eröffnet. Hier wird ganz unkompliziert geholfen: Wer kommt, der wird von der jeweiligen Fachkraft empfangen, denn einen Empfangsdienst gibt es nicht. Auch keine bestimmten Büros für die Mitarbeiter, denn jeder ist für alles zuständig. Einsamkeit, Eheprobleme, Alkoholismus, Depressionen, Arbeitslosigkeit, religiöse Zweifel – was den Menschen bedrängt und bedrückt, darf er hier abladen auf dieser Rettungsinsel im Herzen Münchens.

Die Hochwassermeldungen nehmen von Jahr zu Jahr zu, auch da kann die Insel ein erster Anlaufpunkt in der Verzweiflung sein. Die Fürstenfeldbrucker des Jahres 1785 suchten ihre Hilfe auch bei einer Art Beratungsstelle: bei einer Heiligen. In dem 25 Kilometer von München entfernten Städtchen, das heute offiziell zur Metropolregion München gehört, hatten damals während eines Hochwassers am Festtag der Heiligen Luzia, dem 13. Dezember, als das Wasser seinen höchsten Punkt erreicht hatte, Schulkinder mit Kerzen beleuchtete Nachbildungen der Häuser der Stadt in die Amper gesetzt. Außerdem wollten sie, sollte das Wasser zurückgehen, jedes Jahr einen Gottesdienst zum Gedenken daran feiern. Der Himmel hatte ein Einsehen, die Fluten gingen zurück, und in Fürstenfeldbruck wurde seitdem Jahr um Jahr der Brauch des »Häuser-ins-Wasser-Setzens« gepflegt. Bis er dann irgendwann sanft einschlief und 1949 von dem Fürstenfeldbrucker Rektor Georg Kachelriß wiederbelebt wurde. Die Häuschen in Fürstenfeldbruck basteln die Kinder selbst.

Auch in München wird gebastelt. Zur Advents- und Osterzeit verwandelt sich eine Ecke in der Stadtinformation am Marienplatz in eine beschauliche Bastelinsel. Da sitzen dann nicht nur Kinder, sondern meist Erwachsene da und falten und kleben. Immer zur Weihnachts- und zur Osterzeit wird Altes zu Neuem. Zum Beispiel alte Kalender, meist weiß man ja nicht, wohin mit den schönen Bildern, aber wegschmeißen will man sie auch nicht.

Ich glaub, ich steh in Japan

EINE WEITERE Hinterlassenschaft der Olympischen Spiele 1972 ist das Teehaus im Englischen Garten. Sapporo, seit damals Partnerstadt von München und Austragungsort der Winterspiele, wollte den Münchnern die japanische Kunst der Teezubereitung näherbringen und stiftete das Teehaus, wo zu bestimmten Terminen eine einstündige Teezeremonie angeboten wird. Zu anderen Zeiten ist der Zugang zum Inselchen, auf dem das Teehaus steht, geschlossen. Zur Zeit der Kirschblüte wähnt man sich im Olympiapark auf dem japanischen Inselstaat, wenn vor der Brücke zwischen Olympischen Dorf und Park im Frühjahr der Blick auf das berühmte Dach durch eine rosa Blütenwolke durchschimmert.

Als die Nazis auf Kultur machten

GAR NICHT WEIT DAVON ein anderer Ort der Trinkkultur, der deftigen Art, mit einer braunen Vergangenheit – die Goldene Bar an der Rückseite des Hauses der Kunst, dessen Fassade nach dem Zusammenbruch des Tausendjährigen Reichs dezent mit schnell wachsenden Pappeln kaschiert wurde. Mit dieser Bar wollten sich die Nationalsozialisten kultiviert geben. Dafür wurde an den Wänden die Geschichte des Alkohols dargestellt – von deutschen Weinbaugebieten bis hin zu einer so exotischen Insel wie Kuba und seinem Rum und Tabak oder den Britischen Inseln mit Whiskey und Gin. Man wollte sich weltmännisch geben, standen doch die Olympischen Spiele in Berlin bevor. Nach dem Krieg diente dieses Juwel dreißig Jahre als Büro des Museumsleiters – die bemalten Wände schliefen hinter Gipsplatten einen Dornröschenschlaf. Erst 1985 wurde die

Goldene Bar wiederentdeckt als neue Mitarbeiter mal hinter eine der Gipswände schauten.

Die feierliche Grundsteinlegung für das Haus der Kunst erfolgte am 15. Oktober 1933. Nach seiner Rede versetzte Hitler dem Stein den zeremoniellen Schlag mit einem silbernen Hammer. Dieser zerbrach in zwei Teile, und ein Raunen ging durch die versammelte Menge. Hitler glaubte an ein böses Omen und sah sich bestätigt, als der Architekt Paul Ludwig Troost, der nicht nur das Gebäude, sondern auch den Hammer entworfen hatte, wenige Monate später starb. Heute ist das vergessen, aber damals nannte man das Haus der Kunst auch »Haus der deutschen Brunft«, weil viele weibliche Akte darin hingen, die auf die Fruchtbarkeit der deutschen Frau verwiesen. Auch war der Name »Hitlers Weißwurstallee« geläufig, wegen der weißwurstweißen Säulen vor dem Gebäude.

Inseln der Erleuchtung

VERGOLDET WIE DIE WÄNDE in der Goldenen Bar ist auch die Buddha-Statue im Westpark, was ihr eine Insellage eingebracht hat. Konnte man sich doch, wenn man gerade mal klamm war, etwas Blattgold von der Statue herunterschaben – man sieht es noch heute, aber nur von Weitem, denn die Statue steht jetzt wie gesagt auf einer inselartigen Plattform in einem kleinen See im Westteil des Parks. See und Tempel sind ein Fotografentraum, wo sich die Sala – ein offener Pavillon – im immer anderen Jahreszeitengewand spiegelt, liegen Steine, kleinen vorgelagerten Inseln gleich, im See. Und auf denen sonnen sich sichtlich glückliche Schildkröten. Es sind von ihren Besitzern ausgesetzte Tiere wie jene Schnappschildkröte, Kollegin von Lotti in Irsee (das Problemtier des Jahres 2013), die einst den Westpark unsicher machte und durch Zufall von einem städtischen Parkmitarbeiter gefangen wurde. Der Mann hatte glücklicherweise Sicherheitsschuhe an den Füßen. Die anderen Schildkröten im See sind aber harmlose Vertreter ihrer Gattung. Die Schildkrötenhalter sollen den Aufwand der Aufzucht unterschätzt haben. Bei Tieren, deren Rückenpanzer bis zu 35 Zentimeter groß werden kann, werden die Aquarien zu klein, erklärte der Tierarzt Thomas Türbl von der Münchner Auffangstation für Reptilien. Und Schildkröten werden sehr alt. Es könnte ja sein, dass das Verhältnis Mensch und Tier irgendwann in den vielen Jahren vollkommen zerrüttet ist, man hört ja auch von Ehen, die nach Jahrzehnten geschieden werden. Eigenartig nur, dass gar so viele Schildkröten ausgesetzt werden von ihren Haltern. Denn von den rund fünfhundert Schildkröten, die jährlich in der Münchner Reptilienauffangstation abgegeben werden, stammen rund zweihundert aus München, die meisten von ihnen aus dem Westpark.

Vielleicht gibt es eine ganz andere Erklärung für die vielen Panzertiere in gerade diesem See. Denn sie wohnen ja bei der thailändischen Sala. Es ist nämlich so, dass die Naturvölker Asiens die Schildkröte verehren, weil sie gut gepanzert, sehr widerstandsfähig und langlebig ist. Im Buddhismus und Hinduismus glaubt man ja an die Wiedergeburt und dass in jeder Schildkröte verschiedene Seelen wohnen, die auf dem Weg ins Nirwana sind. Ganz klar, eine Schildkröte zu töten, wäre der allergrößte Frevel. Ziel der Buddhisten ist ja die absolute Erleuchtung, wie sie Buddha erreicht hat. Großes Ziel, aber wenig Chancen, es zu erreichen. Wird man also kein Buddha oder zumindest ein wohlhabender Mensch, so wäre es wenigstens wünschenswert, als Schildkröte auf die Erde zurückzukehren.

Thailänder glauben, wenn man eine Schildkröte in die Freiheit entlässt, so wird man ein langes Leben haben. Und dass man im nächsten Leben wieder seine guten Freunde und – falls gewünscht – den Ehemann oder die Ehefrau wiedertreffen wird. Wenn man jetzt noch bedenkt, dass es genügend Seen in

Reif für die Insel

»Hab keine Angst«, sagt sich die Schildkröte und liest in
einem Buch von Michael Ende auf seinem Grab auf dem Waldfriedhof.
So sollte ein Grab sein: vom Grabinhaber erzählen.

München gäbe, um eine Schildkröte auszusetzen, aber ausgerechnet in diesem See im Westpark die meisten Schildkröten in die Freiheit entlassen werden, dann – siehe oben.

Überhaupt gilt in Ostasien die Schildkröte als Weltordner und Sinnbild der Unsterblichkeit. Sie wurde dort nicht nur in monumentalen Plastiken abgebildet, sondern schmückt als steinernes Tier auch die Gräber wichtiger Persönlichkeiten. Wie auch in München auf dem Waldfriedhof – der in Schildkrötenkrabbelweite nahe dem Westpark liegt, eine parkähnliche Insel der Ewigkeit. Und dort ruht Michael Ende unter einem Grab, das sicher zu einem der originellsten des Waldfriedhofs gehört. Über den Grabstein krabbelt Kassiopeia – Meister Horas Schildkröte, die zwar eine halbe Stunde weit in die Zukunft schauen, aber doch nicht schnabeln kann, was geschehen wird. Auf die ihr ureigene Art drückt sie sich also durch Schrift aus, die auf ihrem Panzer erscheint. Auf Endes Kassiopeia steht geschrieben: »Habe keine Angst«. Wobei im Sinne der positiven Affirmation ja darauf stehen müsste: »Du bist sicher.«

Ich weiß nicht, was soll es bedeuten

»DIE TOTENINSEL« – eine Art gemalter Waldfriedhof auf einer Insel – war ein im 19. Jahrhundert weit verbreitetes Motiv von Arnold Böcklin auf Drucken, als Vorlage für Karikaturen oder für Postkarten, die Soldaten des Ersten Weltkriegs nach Hause verschickten. Das pessimistische Motiv entspricht den Bildern, die in der Sammlung Schack zu sehen sind, einer gefühlten Welt des 19. Jahrhunderts, in der das Bürgertum den Untergang des Abendlandes fürchtete und die Entzauberung der Welt durch die neue Technik drohte. Auch Kaiserin Sisi war in der Schack-Galerie. Und sie hat dort auch das Bild »Villa am Meer« gesehen. Sie, die als junges Mädchen nicht mehr bayerisch sprechen durfte, die das korrekte Gehen, Sitzen, Stehen lernen musste, die quasi vom bayerischen Landkind auf Wiener Hof getrimmt wurde, hatte gelernt, dass man sich selbst neu erfinden kann. Und so fand sie ihre Vorlage für die »Mater Dolorosa«, die sie am Ende ihres Lebens war, in der Schack-Galerie, wie sie damals noch hieß. Es scheint, als ob Sisi die lebende Verkörperung des Bildes »Villa am Meer« von Arnold Böcklin war. Die trauernde schwarze Frau auf Korfu in einer antiken Villa, die bei Sisi »Achilleion« hieß und auf Korfu steht.

»Ich weiß nicht, was soll es bedeuten, dass ich so traurig bin«, dichtete Heinrich Heine, Sisis Lieblingsdichter, der sich zeitweise auch in München aufgehalten hat, und mit dem Sisi sich spirituell verbunden glaubte.

Inselhüpfen von Bierinsel zu Bierinsel

MAL KURZ AUF EINEN Wein oder ein Bier in der Parkstadt Schwabing: Das ist nicht so einfach. Es fehlen entsprechende Kneipen! Also rein in die neue Straßenbahn, raus in die Innenstadt zum Inselhüpfen – hicks. Nee, das ist keine Initiative von gwamperten Münchner Bierdimpeln (für Preußen: dickbäuchigen Biersaufbrüdern), sondern eine der hohen Bierkultur verpflichtete Initiative, die sich hochoffiziell so nennt: »Die Bierinseln sind eine Initiative zur Förderung der Craft Beer Szene und zugleich zur Förderung der lokalen, inhabergeführten Lokalitäten, die sich um die Bierkultur und das besondere Biererlebnis bemühen.« Jawohl!

Ein kleiner historischer Rückblick: Was kam bei den Bayern nicht alles ins Bier rein. Kräuter und Wurzeln, Eichenrinde, Rosmarin und Ochsengalle, nur damit das Bier nicht schlecht wurde. Bis ins 16. Jahrhundert hatten die Preußen die Oberhoheit über das Bier. Bis zur Gründung des Hofbräuhauses kam das Bier von ganz oben sozusagen. Vor hundert Jahren gab es in Bayern noch an die zwölftausend Brauereien, eine stolze Zahl. Das ist damit zu erklären, dass jeder Wirt ein Bräu, also sein eigener Brauherr war. Bis dann Carl von Linde 1876 die Kompressor-Kältemaschine erfand, man von nun an Bier lagern und kühl transportieren konnte.

Übrigens: Weißbiergläser werden unten, Gläser für Helles oben und Maßkrüge frontal angestoßen – was wohl mit der

Beschaffenheit der Gläser zu erklären ist. Der Weinanbau in München kam zum Erliegen, als die Kaltperiode begann. Denen da oben war es recht, denn durch Bier beduselte Untertanen sind leichter zu regieren als durch Wein angeregte. Nur noch die »Weinstraße« im Herzen Münchens erinnert an die weinseligen Zeiten.

Zurück in die Gegenwart: Nicola Neumann hat es sich zur Aufgabe gemacht, Kultur ins bayerische Biertrinken zu bringen. Genau wie der Wein sei auch das Bier kein Getränk, das man einfach so literweise in sich hineinschütten sollte. Und so veranstaltete sie 2014 nach den »Münchner Weininseln« vom Jahr zuvor die Münchner Bierinseln nach demselben Prinzip: Verschiedene Münchner Restaurants, Cafés, Bars und Läden bieten an einem Nachmittag ein Verkostungsprogramm an, geleitet von Experten oder moderiert vom Produzenten. Die Besucher hüpfen anfangs – schwanken dann später – quasi von Insel zu Insel und fahren nacheinander so viele Stationen an, wie sie möchten. Und am Ende gibt es eine zentrale Party. Die gesamte Presse berichtete: Süddeutsche Zeitung, Münchner Merkur, In München, die selbst ernannte Bierfachpresse wie: Hopfenhelden, bierausbayern, Der Bier Dandla, Feiner Hopfen, um nur einige zu nennen. Nicht zu vergessen noch der Leberkassemmel-Blogspot und die Hopfenliebe.

Der Präsident der »Freien Brauer«, Georg Schneider, sagte der Süddeutschen Zeitung: »Bier ist so viel mehr als ein Feierabendgetränk. Das kann man nur genießen, wenn man mit Intellekt herangeht. Die Verkostung ist anstrengend wie die eines exotischen Weines. Bestimmte Biere passen besonders gut zu bestimmten Gerichten, etwa scharfen Currys oder süßen Desserts. Diese können Genusserlebnisse sein. Diesen Sichtwechsel wollen wir erreichen.« Die Sache kam gut an. Es sollen an die tausend Leute gewesen sein, die sich von Insel zu Insel tranken. Lederhosenträger, Tattoomädchen, korrekt gekleidete Damen in den besten Jahren und selbst Amerikaner

Reif für die Insel

Immer noch ein Bierbanause? Dem kann im Biervana abgeholfen werden. Im Himmel für Biertrinker werden die originellsten Biersorten verkauft.

wurden gesichtet. Na dann Prost! Bierdimpel, zieht Eure Lederhosen stramm!

So ganz im Verborgenen ist ganz nebenher eine neue Biertrinkkultur entstanden, wo Bierkenner den Hopfensaft verkosten, wie es einst nur Weintrinker taten. Eine Pilgerstätte dieser Bierfeinschmecker ist das »Biervana« in der Hohenzollernstraße 61, wo schon mal einer rausgeht mit fünf Fläschchen für fünfzig Euro. Motto des Ladens: »Fürchtet euch nicht! Es gibt ein Leben nach dem Bier-Tod, nach der ubiquitären Ödnis, jenseits des Hopfen- und Malz-Einerleis, wo ein Bier wie das andere schmeckt. Die Charakterbiere kommen zurück.« Na dann, herzlich willkommen!

Ohrenbetäubendes Tohuwabohu

VON NICHT GESITTETEN neumodischen Biertrinkritualen ist in den Reportagen aus Bismarcks Reich, »Berichte eines reisenden Franzosen« (1874–1876) von Victor Tissot zu lesen: »Die Sittenlosigkeit ist in München fast so verbreitet wie in Berlin. Am Abend wird der Englische Garten mit seinen vielen schattigen Plätzchen zum Ort wahrer Liebesfeste. Von allen Staaten Deutschlands weist Bayern die höchste Zahl an unehelichen Geburten auf. Das Oktoberfest ist eine nationale Zech- und Schlemmerei-Veranstaltung. Es dauert sechs Tage und sechs Nächte – wie die Erschaffung der Welt. Von Durst getrieben, erhebt sich ganz Bayern und begibt sich auf die Theresienwiese, die mit Bierzelten, Verkaufs- und Schaustellerbuden übersät ist; dazu Musik, Getöse und Geschrei. Es ist ein ohrenbetäubendes Tohuwabohu! – Zum letzten Oktoberfest waren 60 000 Besucher gekommen; täglich wurden 900 000 Liter Bier getrunken und 200 000 Würstchen verzehrt.«

Reisebuchautoren, die über das süße Leben an der Isar schreiben, sollten sich vormerken: Die Nackedeis mitten in der Stadt findet man nicht mehr so sehr im Englischen Garten, sondern mittlerweile auf den Inseln der renaturierten Isar. Natur pur eben. »Mit nichts an« ist unter anderem erlaubt auf der Kiesbank der Isar an den Flaucheranlagen, ebenso wie auf dem Hochwasserbett Ostseite, fünfzig Meter südlich der Braunauer Eisenbahnbrücke. Aber es guckt ja eh kaum noch einer hin auf die nackten Pos und Brüste, nur die Asiaten und Araber drücken noch auf den Auslöser ihrer Kameras.

Für Wildcamper kann es allerdings schon mal gefährlich werden: wenn das Hochwasser steigt und die Insel umspült. Aber München liegt ja mitten in der Zivilisation, und so konnten die Robinsons nebst Freitag immer mit einem Schlauchboot gerettet werden – bevor das steigende Hochwasser sie erreicht hätte.

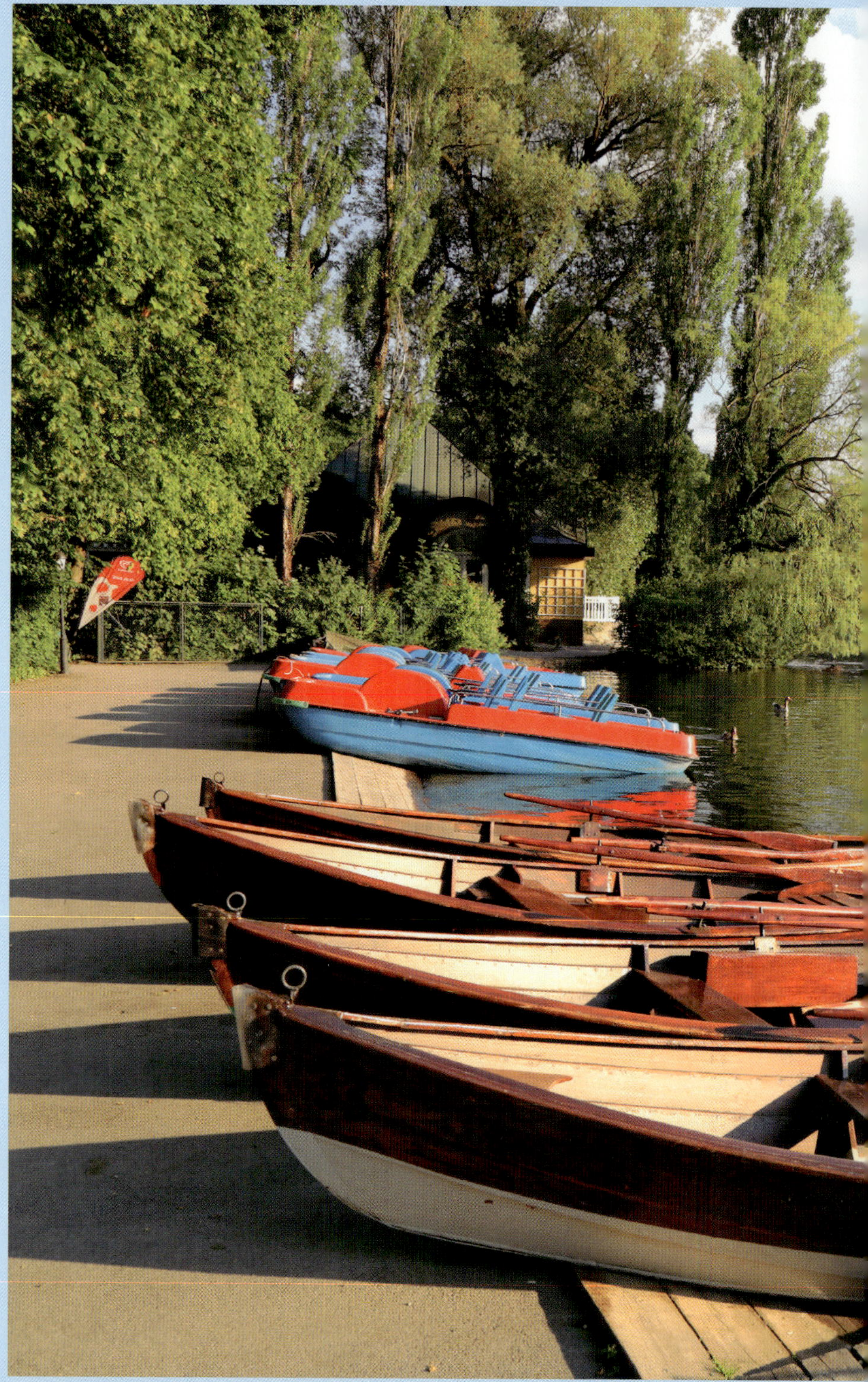

Wo die Schiffe stehen

HISTORISCH. KLAUSTROPHOBISCH. MYTHOLOGISCH.

Was auch immer man in München vermutet, Schiffe sind es wohl eher nicht. In Sachen Seefahrt ist Münchens Isar mit ihrer geringen Wassertiefe nur etwas für Flachfloßfahrer. Aber dennoch kann München so manche stolze Schiffe präsentieren. Mitten in der Stadt. Und keiner sieht sie, die unübersehbaren Schiffe. München, ahoi!

Flöße im Hafen

DAS GLAUBT JETZT keiner. München war über Jahrhunderte eine Hafenstadt. Genauer gesagt: Es hatte einen kleinen Hafen an der Stelle, an der heute das Deutsche Museum steht. Denn vor der Zeit der Eisenbahnen und Automobile waren nicht die Schienen und die Straßen die Transportwege, sondern die Flüsse. In München also die Isar. An diese Zeit erinnert heute nur noch eine Tafel an einem Haus an der Steinsdorfstraße 14. Transportiert wurden auf dem Wasserweg unter anderem Baumstämme für den Dachstuhl des Liebfrauendoms, die aus dem Karwendel stammten, und der durch die Abholzung seinerzeit auch ohne sauren Regen schon unter »Waldsterben« litt.

Aber schon damals war italienischer Wein ein beliebtes Importgetränk. Neben Seide, Früchten und Gewürzen wurde auch – man staune – Olivenöl nach München geflößt. Denn es war im katholischen Bayern bis zum Ende des 15. Jahrhunderts verboten, während der Fastenzeit Butter oder Butterschmalz in der Küche zu verwenden. Zwischen 1860 und 1876 war die Isar-Flößerei auf ihrem Höhepunkt – damals landeten täglich mehr als zwanzig Flöße in Münchens Hafen. Dann aber ging es steil bergab, als die Eisenbahnen gebaut wurden. Das endgültige Ende kam 1924 mit dem Bau des Walchensee-Kraftwerks, als für die Stromerzeugung derart viel Wasser benötigt wurde, dass das ursprüngliche Flussbett nur noch unregelmäßig befahren werden konnte.

Die gewerbliche Flößerei begann nach und nach in die touristische Flößerei überzugehen. Bereits in den letzten Jahren des 19. Jahrhunderts fuhren Ausflügler aus München mit der Isartalbahn nach Wolfratshausen, um von dort auf dem Wasserweg zurückgeflößt zu werden. Und bis heute bieten Nachfahren alter Flößerfamilien im Sommer bierselige Flößerfahrten ab Wolfratshausen an. Seit 2013 gibt es in Thalkirchen

Wo die Schiffe stehen

sogar einen Flößer-Kulturverein, der Führungen, Ausstellungen und Lesungen zur alten Flößerei organisiert.

Kreuzfahrtschiffe vor Anker

ABER NICHT NUR Flöße landeten in München an, auch Kreuzfahrtschiffe, die immer noch da ankern. Und zwar da, wo man sie auf keinen Fall vermutet: im Olympischen Dorf. Die Wohnhäuser im Olympischen Dorf sollen Betonhäuser sein? Mitnichten, das sind sie ganz und gar nicht. Sie sind nämlich Schiffe, die hier vor Anker gegangen sind. Direkt vor den Alpen. Denn die Silhouette der hässlichen Hochhauskette im Helene-Mayer-Ring sind in ihrer eigenartigen funktionslosen

Steht ein Schiff im Olympiadorf – und keiner merkt es.
Erst bei genauerem Hinsehen erkennt man die Kreuzfahrtschiffe und davor die Lastkähne (die Flachbauten).

Gezacktheit den Bergen Wendelstein und Zugspitze nachempfunden. Und davor liegen die Kreuzfahrtschiffe an den Piers, die flachen Gebäude dazwischen sind die »Lastkähne«. Schon manch einer hat sich über die Geländer auf den Flachgebäuden gewundert, denn sie dienen keinem Zweck, da die Dächer nicht zugänglich sind. Sie sind nur da, weil es sich für »Lastkähne« so gehört. Und selbst in der »Dorfkirche« wurde der Schiffsgedanke eingehalten: Dort befinden sich Bullaugen.

Nun schaue man sich mal die Kreuzfahrtschiffe nach einem Blick in das Standardwerk von Gert Kähler »Das Dampfermotiv in der Baukunst« an: »Der Aufriss eines Passagierdampfers ist gekennzeichnet durch die große Länge im Vergleich zur Höhe, die durch verschiedene horizontale, bandartig wirkende Elemente (die übereinanderliegenden Decks, die Fensterbände, die horizontalen Relingstäbe) betont wird. Diese horizontal geschichtete Form wird durch wenige vertikale Elemente akzentuiert: Schornsteine, Masten. Besonders charakteristisch in der Seitenansicht ist die Staffelung der Decks zum Heck, die aus der windgeschützten, weil dem Fahrtwind abgewandten, jedoch der Sonne offenliegenden Lage resultiert; entsprechend befinden sich hier meist die Freiluft-Angebote zur Unterhaltung der Passagiere. Dann noch der weiße Anstrich der Dampfer, Weiß entsprach dem gewollten Eindruck von Klarheit, Sachlichkeit und Rationalität.« Könnten mit diesen Zeilen nicht genauso gut die Häuser des Olympiadorfs beschrieben sein?

Und auch in Pasing ist jetzt ein Kreuzfahrtschiff vor Anker gegangen. Ja richtig, vor Anker, denn der 270 Meter lange Neubau der Pasing Arcaden entlang der ICE-Bahnstrecke Stuttgart – München sieht aus wie ein Luxusliner auf dem Trockendock, nur eben nicht am Wasser, sondern neben dem Pasinger Bahnhof. »Die prägnante Fassade des Gebäudekomplexes soll an ein elegantes weißes Kreuzfahrtschiff erinnern, das hier in Pasing an den Bahnhof andockt und dessen Wohnungen auf dem Deck den Blick über die Dächer Pasings bis in die Alpen zulassen«, so die Erläuterung der Projektentwickler.

Alle im gleichen Boot

GEHT MAN DURCH die Stadt, liegen in manchen Grünanlagen Boote, wie zum Beispiel im Hof der Heiglhofstraße 63. Hier wurde die Kahn-Skulptur anlässlich des 70. Geburtstags des Kinderarztes Theodor Hellbrügge (1919–2014), dem Gründer von Kinderzentrum und Aktion Sonnenschein, aufgestellt. Eine Skulptur unter dem Motto: »Alle im gleichen Boot«. Umlaufend um das Boot steht ein Ausspruch von Maria

Ein Hingucker und zugleich ein Spielgerät für Kinder ist dieses Boot in München.

Montessori (1870–1952): »Der Weg, auf dem die Schwachen sich stärken, ist der gleiche wie der, auf dem die Starken sich vervollkommnen.« Die Bilder auf dem Boot sind in der Kunstwerkstatt der Montessori-Schule entstanden unter Anleitung von Ingrid Glüder, die hier jahrelang als Werksunterricht-Lehrerin wirkte.

In Berg am Laim fährt zwischen der Berg-am-Laim-Straße und Isareckstraße auf einer Welle ein etwa sieben Meter langes und zweieinhalb Meter breites Schiff mit zwei »Schmolchen« an Bord über den Hügel in den Innenhof hinein. Der »Schmolch« ist ein Fabelwesen des Münchner Künstlers Steffen Schuster, das als Bronzefigur bereits einige Wohnanlagen der Wohnungsbaugesellschaft Gewofag ziert.

Schaffe, schaffe, Volks-U-Boot baue

MAN KÖNNTE MEINEN, dass das, was dem Schwaben das Häusle-Bauen, dem Münchner das U-Boot-Bauen ist. Es gab nämlich zwei begeisterte U-Boot-Bauer: der eine war der Erfinder Otto Heinrich Graf Hagenburg (1901–1993), der in den zukunftsgläubigen 1960er-Jahren von Ferien im eigenen U-Boot träumte. Die Wirtschaft boomte wie verrückt, die Reisefreudigkeit begann. Im Jahr 1964 baute der Tüftler den ersten Prototyp des 2,5 Meter langen und 1,25 Meter hohen Gefährts, das mit Hilfe eines von vier Autobatterien angetriebenen Elektromotors fährt. Bis in hundert Meter Tiefe konnte man mit einer Geschwindigkeit von rasanten sechs Stundenkilometern durch das Wasser tauchen und brausen. Und das immerhin bis zu zwei Stunden am Stück. Die Geschichte mit dem U-Boot lief anfangs ziemlich erfolgversprechend: Ausländische Investoren zeigten Interesse, und selbst in Übersee berichtete die

New York Times von der Erfindung aus Bayern. Das U-Boot wurde auf Messen in New York, London und Luzern vorgestellt, nachdem es erfolgreich oberbayerische Seen und den Bodensee befahren hatte. Doch irgendwie – war es die falsche Zeit oder die falsche Erfindung? – ging das U-Boot nie in Serie. Sogar der Prototyp des U-Boots geriet schließlich in Vergessenheit. Er gammelte viele Jahre auf dem Gelände der Hagenburgschen Firma vor sich hin, nur beachtet von den Nachbarskindern, die darauf und darin spielten. Als die Firma dann Anfang der 1970er-Jahre verkauft wurde, bekniete eines der Nachbarkinder seinen Vater so lange, bis es das Boot tatsächlich bekam, und zwar zum Geburtstag. Der Nachbarsjunge von einst, schon längst nach Berlin mitsamt seinem U-Boot weggezogen, hat es im Jahr 2012 dem Heimatmuseum von Geretsried anlässlich seiner Eröffnung als Leihgabe gegeben. Leider ist das Boot aber nicht ausgestellt, sondern im Depot des Museums gelagert.

Der Eiserne Seehund

LANGE VOR DEM Volks-U-Boot-Bastler versuchte sich ein anderer als U-Boot-Bauer: Es war Wilhelm Bauer, der 1850 sein erstes Unterseeboot namens »Brandtaucher« vorstellte, wegen seiner merkwürdigen Form auch »Eiserner Seehund« genannt. Als er zusammen mit dem Zimmermann Friedrich Witt und dem Schmied Thomsen zum ersten Mal in das Gefährt stieg, war es ein blödes Detail – wie so oft, dass das Projekt zum Scheitern brachte. Im Fall des Eisernen Seehundes war es ein hundertfünfzig Pfund schweres Stück Ballast, das aus Versehen noch an Bord war. Dadurch senkte sich das Unterseeboot achterlastig, und es sank mitsamt seiner darin eingesperrten 3-Mann-Besatzung auf den Grund der Kieler Förde, die geschlagene 65 Stunden auf den Druckausgleich

Man erkennt nur, was man weiß: Es ist ein U-Boot, das hier auf dem Grab des U-Boot Bauers Wilhelm Bauer dargestellt ist.

warten musste, bevor sie geborgen werden konnte. Der Brandtaucher selbst blieb im Schlick zurück; bis er im Sommer 1887 beim Bau des Kieler Torpedohafens wieder an die Wasseroberfläche geholt wurde. Das U-Boot ist heute im Militärhistorischen Museum der Bundeswehr in Dresden zu sehen. In der Münchner Heimat des Erbauers ist im Deutschen Museum ein Funktionsmodell ausgestellt. Seinen offiziellen Namen »Brandtaucher« verdankt der »Eiserne Seehund« der Tatsache, dass er Schiffe, Brücken und Hafenanlagen unterhalb der Wasserlinie angreifen und in Brand setzen sollte. Seine letzten Lebensjahre verbrachte Wilhelm Bauer als Pensionär in München. Sein liebevoll gepflegtes und umkränztes Grab befindet sich auf dem Alten Nördlichen Friedhof. Der Grabstein ist – wen wundert es – mit dem »Eisernen Seehund« geschmückt.

Schifflein versenken

DIE PENSIONSZAHLUNGEN von Wilhelm Bauer hatte König Ludwig II. veranlasst. Irgendwie überraschend, dass ein U-Boot-Bauer und der Erbauer von Neuschwanstein zur gleichen Zeit gelebt haben. Was seine privaten Schifflein anbetraf, da war der König eher der Romantik zugewandt: Sein nostalgisches Schiff »Tristan«, mit der er auf dem Starnberger See herumfuhr, war nach einem Lieblingshelden seines Lieblingskomponisten Richard Wagner benannt. Besetzt war sie – wie man anhand eines Gemäldes vermuten darf – mit seinen Lieblingsmännern. Zu denen zählt auch Ludwigs Liebling Wilhelm Hesselschwerdt (beerdigt auf dem Alten Nördlichen Friedhof, Grab nicht mehr vorhanden), charakterlich sicher nicht besser als Richard Wagner (beerdigt in Bayreuth), der auf dem Bild von Erich Correns (auch er für immer und ewig auf dem Alten Südlichen Friedhof ruhend) rechts zu sehen ist. Die flotten Jungs wurden in blaue Matrosenanzüge gesteckt – er war ja pingelig in jedem Detail, der Märchenkönig.

Mit der »Tristan« endete die Zeit der prunkvollen Schifffahrt auf dem Starnberger See. Nach dem Tod des Königs hatte der Großindustrielle Reichsrat Ritter von Maffei das Schiff gekauft und in einen Schleppdampfer umgewandelt. Zur Zeit des Zweiten Weltkriegs wurden auf dem Schiff von den Nazis geheime Experimente gemacht, nach Kriegsende versenkten die Deutschen die »Tristan«. Die Amerikaner hoben dann die »Tristan«, nahmen den Inhalt mit sich und ließen den Kahn verschrotten. Vorbei die Zeiten, als König Ludwig mit der »Tristan« zu einem so prachtvollen Fest schipperte, wie es der Schriftsteller Georg Jakob Wolf beschrieben hatte: »Man fuhr nach Berg. Ein früher Abend brach an, aber der Schlosspark erstrahlte im Glanz von tausend Lichtern. Palmen waren überall; alle Gewächshäuser waren geplündert worden. Die letzte farbige Pracht des Herbstes ergoss sich in die Räume des

Hier im Bassin im Innenhof des ehemaligen, heute noch existierenden Hoflieferanten Radspieler wurde das Muschelboot von König Ludwig erstmalig zu Wasser gelassen.

Schlosses, dessen schönste Räume dem Gaste eingeräumt worden waren. Ein Seefest war in Szene gesetzt worden, das an Pracht hinter jenen Starnberger Bucintoro-Festen des bayerischen Kurfürsten Ferdinand Maria nicht nachstand.«

In einem der schönsten und ältesten Münchner Geschäfte, Radspieler, hatte einst ein anderes Schifflein des Märchenkönigs seinen ersten Stapellauf: das Muschelboot von König Ludwig für Schloss Linderhof. Der Innenhof und das Puttenbecken, in dem das Gefährt zu Wasser ging, sind bis heute so erhalten, wie sie zu Königs Zeiten aussahen.

Weinseliges Schiff

DEN WITTELSBACHERN und ihren diversen Spleens verdanken wir auch eines der Prunkstücke in den Staatlichen Antikensammlungen Münchens: die Dionysos-Schale, eines der bekanntesten Werke der antiken griechischen Keramik – und es wurde viel getöpfert in der Antike! Oh ja. Das gute Stück ist ganz dem flüssigen Thema gewidmet: Man konnte daraus trinken und dann das Meer sehen, auf dem ein Schifflein dahinpflügte, vielleicht auch -schwankte. Der Wein erschien spiegelnd und schwankend wie ein Minimeer. Je leerer die Trinkschale und je voller der Trinker wurde, desto mehr wurde das schwankende Schifflein sichtbar. Es fährt von rechts nach links, aus dem Mast wachsen Weinranken, um das Gefährt herum schwimmen Delphine, selbige, wie das Schiff selbst, Symbole des stets durstigen Dionysos. Um die Henkel herum streiten sich jeweils sechs Krieger um eine Leiche, wobei sie auf einer Seite noch ihre Waffen hat, auf der anderen aber nichts mehr anhat. Und zwischen den Henkeln am Rand des Gefäßes schauen einen zwei Augen an. Die eines Panthers und der war auch ein Symbol für Dionysos. Experten sind sich nicht so ganz klar, was da denn genau dargestellt wird. Aber anzunehmen ist, dass hier der 7. Homerische Hymnus dargestellt wird, wo Dionysos von Piraten gefangen wird. Also eine an und für sich sehr aktuelle Geschichte, die Piraterie. Genauso aktuell wie die Liebe zwischen Männern, die zwischen Patroklos und Achilleus bestanden haben soll. Der Künstler war ein weitblickender Mann, denn er hat auf den Vasenfuß geschrieben: ΕΧΣΕΚΙΑΣ ΕΠΟΕΣΕ – »Exekias hat es gemacht«. So gehört es sich, damit spätere Generationen das Gefäß ordentlich zuordnen können!

Gedächtnisvolles Schiff

DIE GRIECHISCHE ANTIKE ist halt in München sehr präsent – Erbe von dem griechenlandverrückten König Ludwig I. Und so ist vor der Max-Planck-Gesellschaft ein griechischer Satz eingemeißelt, der auf Deutsch so heißt: »Ein Schiff, das Gedächtnis voll mit Wunsch und Feingefühl, der stillen Bucht entgegen« – ein kryptischer Spruch von Hieromönch Symeon vom heiligen Berg Athos. Kann man ja länger drüber nachdenken!

Vor dem Eingang ist das Profil der römischen Göttin Minerva auf der linken Seite zu sehen, rechts das Negativprofil. Minerva ist die Göttin der Wissenschaften, Klugheit, Ausdauer, Tapferkeit und Beschützerin der bildenden Künste. Auf der rechten Seite – schwer zu erkennen – die Welt der Materie mit Tieren und Pflanzen, Regen und Himmelskörper. Die Max-Planck-Gesellschaft – sicher eines der Schiffe, das neben den Wissenschaftlern nur absolute Münchenkundige kennen.

Auch ein drittes Münchner Wasserfahrzeug geht auf die Wittelsbacher zurück: ein Kajak aus Seehundleder, das aus dem 16. Jahrhundert stammt und sich im Museum für Völkerkunde befindet. Wahrscheinlich ist es 1577 von holländischen Polarforschern mit nach Europa gebracht worden, um dort als Kuriosum ausgestellt zu werden. Die Holländer schenkten es dann Herzog Wilhelm V. von Bayern als Ausstellungsstück. Gleich zwei Superlative verbinden sich mit dem Kajak: Es ist das erste nachweisbare Sammlungsobjekt des Museums und außerdem das älteste erhaltene Kajak der Welt.

Das steinerne Hausboot – Derrick ermittelt

SO WIE DAS GRIECHISCHE SCHIFF auf der Vase für immer in München vor Anker ging, so hat auch das Hausboot im chinesischen Garten im Westpark angelegt. Der Garten, in dem es liegt, wurde von Könnern aus dem Gartenamt Kanton geplant und nach dem Beispiel alter Gelehrtengärten als Sinnbild der vier Jahreszeiten geschaffen. Ein geschwungener Rundweg – der Lebensweg ist ja auch nicht gerade – führt hindurch. Man sieht aber nur jeweils einen Ausschnitt des Gartens: Die Pforte des Frühlings eröffnet den Garten, weiter geht's vorbei an den fröhlichen Gewässern des Frühlings und dann zum steinernen Hausboot – Symbol für den Sommer mit all seinen Freuden. Kein Sommer währt ewig, und so kommt dann der Herbst mit seinem farbenfrohen Laub. Er geht in den Winter und seinen Pavillon über, symbolisiert durch Pflaume, Kiefer und Bambus – die die Tugenden der Zähigkeit, des Ausharrens in schwierigen Situationen und der Anpassungsfähigkeit repräsentieren. Hier im Pavillon kann man sich ausruhen und auf sein Leben, symbolisiert durch die Jahreszeiten, zurückblicken. Rund um das steinerne Hausboot wurden auch Szenen aus der die Derrick-Folge 278 – Anna Lakowski 1998 gedreht.

Das Boot überhaupt

ABER WELCHER EINIGERMASSEN interessante Ort in München war nicht irgendwann einmal Drehort? Im Jahr 2013 hat der Film-Fernseh-Fonds (FFF) Bayern dreitausend Drehtage in München gezählt, immerhin ist München einer der wichtigsten Filmstandorte in Deutschland. Nicht nur als Drehort, sondern hier ist in Grünwald im Süden der Stadt die Bavaria

Klaustrophobiker kriegen Schweißausbrüche, wenn sie dieses Bild nur anschauen, das die Schauspieler vom Film „Das Boot" in ihrem U-Boot auf dem Filmgelände der Bavaria zeigt ...

Film GmbH beheimatet. Ein U-Boot ist auch das spektakulärste Exponat der Bavaria Film, Münchens Pendant zum Berliner Babelsberg. Der Film »Das Boot« von Wolfang Petersen gehört längst zu den Filmklassikern. Der Schauspieler Jürgen Prochnow soll nach einigen Drehwochen im U-Boot so schlecht ausgehen haben, dass man ihn kaum noch auf »schlecht aussehen« schminken musste. Das U-Boot auf dem Filmgelände von innen zu besichtigen löst dermaßen klaustrophobische Gefühle aus, dass man sich kaum vorstellen kann, wie es ist, wenn über einem, unter einem und rund um einen tonnenschwere Wassermassen drücken. Kaum jemand weiß, dass die

Bavaria Film AG 1932 von den Nazis im Rahmen der Gleichschaltung sämtlicher Medien gegründet wurde. Propagandaminister Josef Goebbels hatte markig verkündet: »Wir denken gar nicht daran, im Entferntesten zu dulden, dass jene Ideen, die im neuen Deutschland mit Stumpf und Stiel ausgerottet werden, irgendwie getarnt oder offen im Film wieder Einzug halten.« Doch längst hat das Filmgelände seine braune Vergangenheit abgestreift.

Grad wie im richtigen Leben

KEIN MÜNCHENBUCH ohne das Oktoberfest. Und kein Oktoberfest ohne die Schiffsschaukel. Höher, weiter, schneller – von einem Superlativ zum anderen, das ist ja heute auch auf dem Oktoberfest die Devise. Die Schiffsschaukel hat das nicht nötig, sie ist in ihrer Beständigkeit der einzige nicht zu übertreffende Superlativ auf dem Oktoberfest, denn die Schiffsschaukel ist das einzige Fahrgerät, bei dem die Fahrgäste selbst die Bewegung erzeugen. In der Regel macht das der Mann, und die Frau lässt sich schaukeln. Wie gesagt, in der Regel. Schiff heißt die Schaukel, weil sie eben geformt ist wie ein Schiff und halt auch schaukelt wie ein solches. Und weil es rauf und runter geht wie die Wellen und grad wie im richtigen Leben. Und das in dieser Form schon seit 1890.

Diesseits vom Jenseits

DUFTEND. SCHENKEND. LEHREND.

Liberalitas Bavariae – das berühmte bayerische »leben und leben lassen«, jeden spinnen lassen, wie er spinnen will. Ins Jenseits schauen im Diesseits war in München schon immer beliebt, denn München ist auch die Stadt der Astrologen, Gläserrücker, Hexenbeschwörer und von allem Jenseitigen – und die Stadt der wunderschönen Friedhöfe.

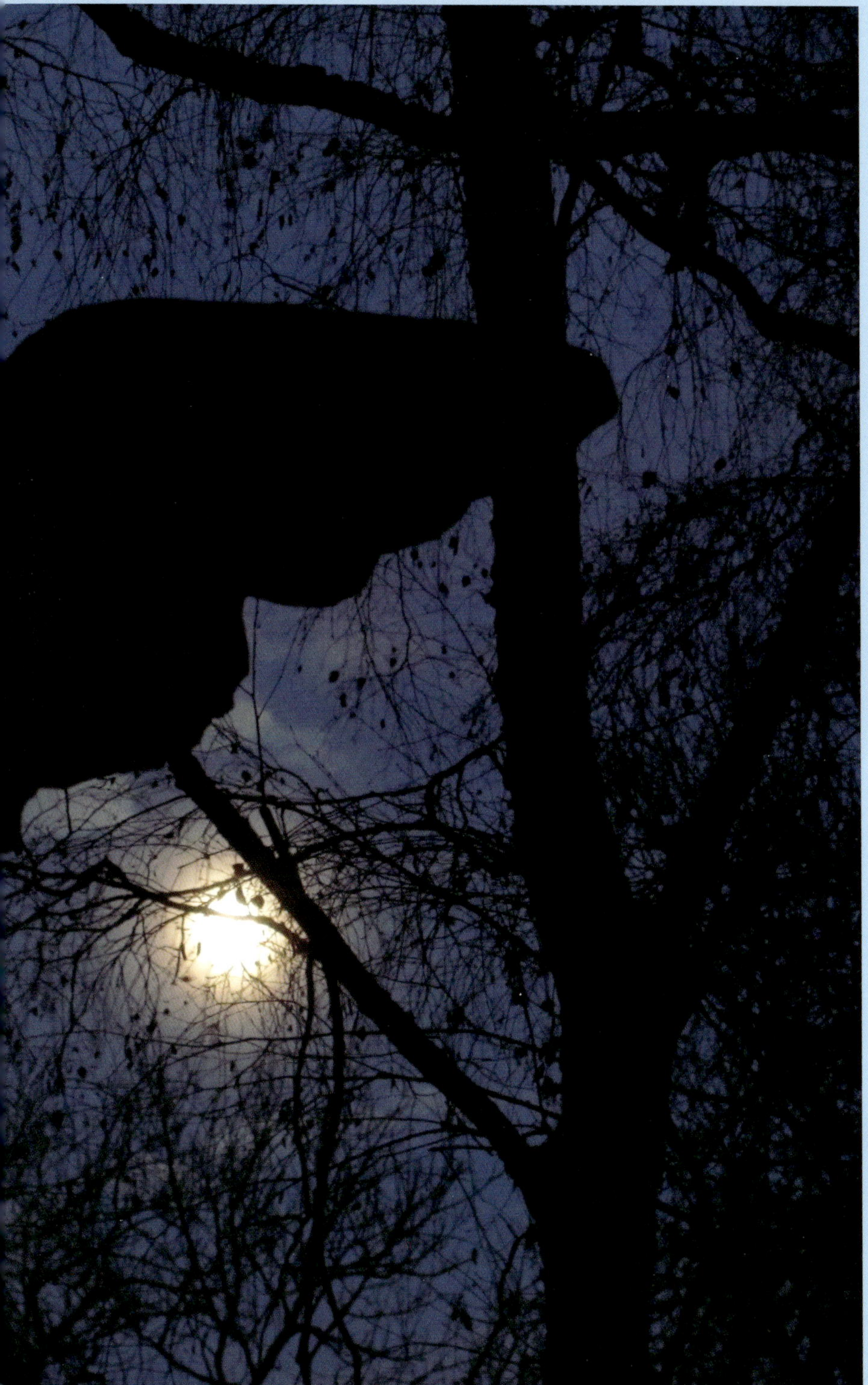

Welt im Wandel

MAN WOLLTE ES WISSEN zu jener Zeit im 19. Jahrhundert. Alles. Denn die Welt war im Umbruch. Nicht nur Technik und Wissenschaft wie die Schriften Darwins interessierten die Menschen. Mit immer mehr Erklärbarkeit der Welt stieg im Gegenzug das Interesse für die »Anderswelt«, für das Nicht-Beweisbare, Nicht-Sichtbare. Besonders in der aufstrebenden Stadt München florierten die spiritistischen Sitzungen in den späten 1870er-Jahren. Aber man begnügte sich nicht nur mit irgendwelchen Geistererscheinungen, nein, Beweise mussten her! Und das waren die »physikalischen Materialisationen« der Geisterwesen, also so merkwürdige Dinge wie gazeartiges Plasma, das aus dem Medium sozusagen herauskam.

Vom 17. bis ins 19. Jahrhundert war die Grenze zwischen dem, was als Wissenschaft betrachtet wurde und was nicht, nicht sehr genau gezogen. Wenn Wissenschaftler wie Michael Faraday zeigten, dass Strom, der durch einen Draht floss, am anderen Ende eine Kompassnadel bewegen konnte, dann musste diese unsichtbare Kraft damals wie Magie wirken. Ein anderer Naturwissenschaftler, William Crookes, setzte Elektrizität ein, um geheimnisvolle Strahlen in einer Vakuumröhre entstehen zu lassen. Er hielt das für Ektoplasma. Wie er beschäftigten sich auch andere Physiker jener Zeit mit Spiritismus. In München reagierte Ludwig Staudenmaier, außerordentlicher Professor für Chemie, Mineralogie und Geologie am königlichen Lyzeum in Freising, zuerst ablehnend, als ihn ein Bekannter anregen wollte, sich mit Spiritismus zu beschäftigen. Denn Staudenmaier hielt das für Spinnerei. Doch der Bekannte bohrte weiter, man könne doch im Selbstversuch austesten, ob okkulte Phänomene während spiritistischer Sitzungen nicht einen physikalisch-chemischen Hintergrund hätten. Welcher neugierige Forscher hätte da nicht Feuer gefangen?

Diesseits vom Jenseits

Also setzte sich Staudenmaier hin, um das »automatische Schreiben« auszuprobieren, eine damals modische Praxis, mittels der er Lebende mit den Toten in Kontakt treten konnten. Man setzte sich einfach mit einem Bleistift in der Hand hin, stellte der jenseitigen Person Fragen, und wartete, bis die Hand auf einzelne Buchstaben auf einem Buchstabentäfelchen zeigte. Und so ergab sich nach und nach ein Text, geschrieben – natürlich – aus dem Jenseits. Und siehe da, die Sache funktionierte und ging weiter, bis Staudenmeier eines Tages nicht mehr den Bleistift brauchte, sondern hörte, was das Jenseits zu sagen hatte. Bald meldeten sich sogar die Wesen aus dem Jenseits von

Optisches Phänomen – plötzlich erscheint König Ludwig an der Decke, verschwindet und kommt dreimal wieder.

sich aus. Wie er berichtete, meldeten sie sich zu oft und ohne ausreichenden Grund, gegen seinen Willen. Er empfand sie als »böswillig, raffiniert, spöttisch, zänkisch und ärgerlich.« Und wenn er deshalb »grob wurde, wurden sie es auch«. Staudenmaier machte sich aber Gedanken über den Körper an sich. Es sei bekannt, dass Schmerz Lustgefühle auszulösen vermöge, dass Schmerz sich sozusagen in Lust verwandeln lasse. Seine Erklärung dazu: »Dieses scheinbare Paradoxon erklärt sich in einfachster Weise dadurch, daß die beim Schmerz auftretende Nervenerregung auf ein anderes und zwar lustempfindendes Organ übergeht und dasselbe reizt, wenn man nicht auf den Schmerz achtet, sondern auf das Lustgefühl.« Auch über optische Phänomene dachte er nach anhand einer damals sehr beliebten Postkarte, die König Ludwig II. zeigt »Man kann dadurch innerhalb einer Minute eine unmittelbare Anschauung darüber gewinnen, daß es möglich ist, ein Bild, und zwar selbst ein kompliziertes, mit vollkommen realistischer Deutlichkeit vor sich zu sehen, obwohl ein solches nicht (mehr) vorhanden ist. Zur Erklärung des Nachbildes nimmt man an, daß beim Fixieren eines Gegenstandes die Netzhaut für die betreffenden Farben ermüdet, so daß beim nachträglichen Betrachten einer weißen Fläche von allen nunmehr das Auge treffenden Farben nur die komplementären des vorher fixierten Objektes eine merkliche Wirkung hervorbringen.«

Nach links blicken, nach rechts geben

AUF EINE GANZ GERADE ART spricht Johann Lamont aus dem Jenseits zu uns im Diesseits. Kein Wunder, er war ja ein Wissenschaftler. Johann Lamont (1805–1879) war ein schottisch-deutscher Astronom und Physiker und obendrein Pionier der

Diesseits vom Jenseits

Meist liegen Münzen in der Hand des Astronomen, denn der sparsame Schotte ist noch nach seinem Tod spendabel.

Erforschung des Erdmagnetismus. Von 1835 bis zu seinem Tod war er Direktor der Sternwarte Bogenhausen, von König Ludwig II. wurde er für seine Verdienste in den Adelsstand erhoben. Sein Bild hängt in – übrigens sehr sehenswerten – Treppenhaus der Bayerischen Akademie der Wissenschaften an der Residenz. Und eine naturgetreue Darstellung von Lamont ist auf seinem Grabmal auf dem Friedhof von Bogenhausen zu findet. Dort darf nur ruhen, wer dreißig Jahre in der Gegend

141

gewohnt oder sich besonders um die Stadt München verdient gemacht hat. Schaut man sich das ungewöhnliche Grabmal näher an, denn fällt sein nach links gerichteter Blick auf.

Zu der Frage, warum die Porträtierten auf den meisten Darstellungen nach links blicken (vom Betrachter aus gesehen), stellte der Maler Rolf Liese folgende Überlegungen an: Der Blick geht nach links, um den Blick des Betrachters ins Bild zu ziehen. Würden die Porträtierten nach rechts blicken, dann würden wir das als irritierend empfinden und unser Blick aus dem Bild heraus wandern. Liese hat verschiedene Vermutungen, warum das so ist. Es könnte mit der westlichen Schrift zusammenhängen, die von links nach rechts verläuft. Oder mit den Gestirnen – da für Menschen, die nördlich des Äquators leben, die Sonne ein ganz wichtiges Gestirn ist, wendet man sich automatisch nach Süden, wenn man sie anschaut. Links liege das Neue, Kommende, Ungewisse. Wer in den kommenden Tag blicke, müsse sich nach links wenden. Wer ins Kommende, ins Jenseits blickt, muss sich ebenfalls nach links wenden. Dies tut Herr Lamont, der Sternenforscher, auf seinem Grabstein.

Ein weiteres Detail am Grabstein: Warum hält er aus dem Stein eine Hand heraus, die auch schon sehr abgerieben glänzt? Lamont, Kind armer Eltern und sparsamer Schotte, hatte verfügt, dass sein Erbe zur Hälfte an eine Stiftung für arme begabte Kinder gehen sollte. Und die andere Hälfte ließ er in bar an den Messmer der Friedhofskirche St. Georg übergeben, auf dass er jeden Tag ein paar Münzen in diese Hand legen solle. Damit sich die Kinder aus der Umgebung etwas kaufen konnten. Der Brauch wird bis heute fortgeführt. Wer es nicht glaubt, gehe selbst und sehe – auf dem Bogenhausener Friedhof an dem Grab, das sich links vom Eingang befindet.

Diesseits vom Jenseits

Von weit vom Himmel komm ich her

FÜR LAMONT ALS STERNENGUCKER wäre sicher auch ein simpler Ackerstein interessant gewesen. Denn der hatte sich als Meteorit erwiesen. »Dass solch ein Meteorit, dessen Fall nicht direkt beobachtet wurde, in Deutschland gefunden wird, ist eine Sensation und seltener als ein Sechser im Lotto«, schwärmte der stellvertretende Direktor Dr. Rupert Hochleitner der Mineralogischen Staatssammlung über den Himmelsstein. Gefunden wurde der Meteorit vor mehr als fünfzig Jahren von einem Bauernsohn in Machtenstein bei Dachau. Der Junge fand den Stein schön und legte ihn als Wasserstein in den Vorgarten. Bis im Jahr 2014 ein Mann die Ortschronik verfassen sollte, sich an den Stein erinnerte und einen Augsburger Forscher kontaktierte. Der vermittelte Stein und Mann an die Mineralogische Staatssammlung in München. Und die erkannten den Schatz als Steinmeteorit mit einem Gewicht von 1422 Gramm und einem Methusalem-Alter von rund 4,5 Milliarden Jahren. Er stammt also aus der Zeit, als das Sonnensystem entstand. Wenn der Stein doch nur erzählen könnte!

Der letzte Meteoritenfall in Bayern liegt mehr als zehn Jahre zurück und verfehlte Schloss Neuschwanstein nur knapp. Ein fünfhundert Kilo schwerer Meteorit raste am 6. April 2002 mit 75 000 Stundenkilometern auf die Erde zu und zerbarst in rund 22 Kilometern Höhe ganz in der Nähe des Schlosses. Damals hatten viele Menschen beobachtet, wie ein greller Feuerball die Nacht nahezu taghell erleuchtete. Dabei hörten sie ein 25 Sekunden dauerndes Donnergrollen. Wissenschaftler schätzen die Fundstücke des Steins auf ein Alter von rund 4,5 Milliarden Jahren, somit zählt der Neuschwanstein-Meteorit mit zur ältesten Materie des Sonnensystems. Als der Meteorit damals aus den Tiefen des Weltalls auf die Erde zuraste, trafen ihn starke Winde, und er zerbrach in mehrere Teile. Berechnungen von Wissenschaftlern haben ergeben, dass der Meteorit ohne diese Winde ziemlich genau das Schloss getroffen hätte. Ein paar Kilo des Meteoriten müssten übrigens noch irgendwo zwischen Garmisch und Reute herumliegen.

Hab ich einen Meteoriten im Garten?, fragt sich jetzt so mancher. Nun, das kann man leicht anhand folgender Fragen herausfinden: War das Fundstück ein Einzelstück, das deutlich anders aussah als die anderen Steine am Fundort? Ist es für seine Größe besonders schwer? Hat der Stein eine matte, aber glatte Oberfläche ohne Löcher? Hat er eine schwarze oder braune Kruste? Sind auf seiner Bruchstelle metallischer Glanz oder metallische Einschlüsse zu erkennen? Ist der Stein kompakt und massiv ohne Löcher oder Hohlräume? Aber bitte nicht mit einem Magneten testen, denn wenn es ein Meteorit wäre, dann hieße das Zerstörung von wertvollen wissenschaftlichen Informationen.

Juwel im Herzen der Stadt

WIE KAUM JEMAND den Meteoriten von Neuschwanstein kennt, so kennt auch kaum jemand die Kunstsammlung des Herzoglichen Georgianums am Professor-Huber-Platz 1. Noch mehr mitten in München könnte keine Sammlung liegen als diese, doch kennen sie nur die allerwenigsten Münchner. Man muss sich anmelden und mindestens mit drei Personen kommen und drei Euro Eintritt berappen. Es lohnt sich wirklich. Anders als im Bayerischen Nationalmuseum sind hier nicht nur die besten Stücke der an die achthundert Exponate umfassenden Sammlung zu sehen, sondern Statuen von großer Qualität stehen oft neben welchen von nicht so hoher Qualität, damit man vergleichen kann. Was nicht ins Museum passt, ist auf den Fluren im ganzen Haus – einem Priesterseminar – verteilt. Zusammengetragen wurde die Sammlung von Andreas Schmid, einem Priester aus dem Allgäu, einem kantigen Menschen und Sammler, wie diese Region so manch einen hervorbringt. Er war eine besondere Persönlichkeit, ein Heimatliebender, einer, der das durchzog, was er für gut und richtig hielt. Schmid sammelte alte Kirchenkunst, alles was er finden konnte, barocke oder gotische Statuen – die im 19. Jahrhundert nicht gerade der Kirchenmode entsprachen und die er also entsprechend günstig bekam. Die »Kreuzabnahme«, entstanden um 1480, diente zum Beispiel als Einfassung eines Hühnerstalls.

Schon am Eingang fasziniert die von Pfeilen durchbohrte Statue des Heiligen Sebastian, der irgendwie leicht entrückt gen Himmel blickt. Ab dem Ende der Frührenaissance finden sich vermehrt Bilder, die ihn als nackten Jüngling darstellen, der, an einen Baum gefesselt und von Pfeilen durchbohrt, ähnlich wie dieser Sebastian in den Himmel blickt. Man führt das damalige Interesse an diesem Heiligen auf die verheerenden Pestepidemien der Jahre 1347–1350 zurück, denn bereits seit 680 wurde er als Pestheiliger verehrt. Auch Thomas Mann bezog sich in seiner Novelle »Tod in Venedig« auf das Schicksal des heiligen Sebastian, dessen Statue auch der ermordete schwule »Volksschauspieler« Walter Sedlmayr in der Wohnung gehabt haben soll.

Als nicht zumutbar für die Betrachter hielt Schmid seinerzeit die Figur des gegeißelten Heilands, die wirklich jeden zuerst einmal entsetzt zurückschrecken lässt. Hautfetzen hängen überall von seinem zutiefst gemarterten Körper herunter. Der gegeißelte Heiland stammt aus dem Kloster der Dominikanerinnen in Bad Wörishofen, die so die Schmerzen Jesu nachempfinden wollten. Gerade in Frauenklöstern und ganz besonders in denen der Dominikanerinnen fügten sich die

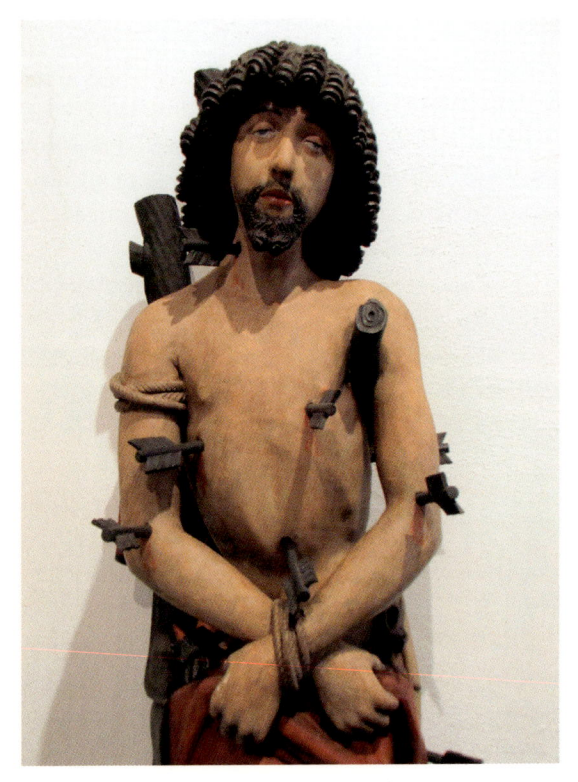

Der heilige Sebastian – Patron der Schützen, der Bürstenmacher und inoffiziell der Schwulen, laut Süddeutscher Zeitung auch der Akupunkteure.

Nonnen schlimmste Dinge zu, bis hin zum Einsetzen von Nagetieren in das eigene Fleisch. *Tempora mutantur* und das ist gut so.

Was zeichnet eigentlich einen richtigen Sammler aus? Richtig – es ist der Wunsch nach Vollständigkeit. Pfarrer Schmid wollte zwar Seelsorger heranbilden, aber sie sollten auch etwas von Kunst verstehen. Schmid wollte eine komplette

Sammlung der damals in der Region verehrten Heiligen. Er hatte zwei Heilige übrig, die ihren Kopf nicht auf dem Hals, sondern in den Händen trugen, typisch für den heiligen Dionysius. Eine Zumutung für den Betrachter, so befand Schmid. Andererseits fehlten ihm noch zwei Heilige in seiner Kollektion: Und so setzte der Pfarrer den beiden Kopflosen einfach den Kopf auf den Hals. Dem heiligen Dionysius drückte er noch ein Buch in die Hand, auf dem zwei Augen lagen – fertig war der heilige Erhard, der der Legende nach der elsässischen Herzogstochter Odilia, die von Geburt an blind war, während ihrer Taufe das Augenlicht wiedergegeben haben soll.

Und aus dem zweiten Dionysius wurde dann durch das Kopfaufsetzen der ziemlich unbekannte heilige Burchardus. Von achttausend Objekten wurden während des Zweiten Weltkriegs achthundert ausgelagert, die heute noch existieren. Einst waren die gesamten Wände auch mit christlichen Symbolen und deren Erläuterung bemalt – leider sind sie den Bomben des Zweiten Weltkriegs zum Opfer gefallen. Seinerzeit wurden aber zwei Bücher darüber geschrieben, so ist uns noch heute die Sammlung in gedruckter Form erhalten.

Made in heaven

AUCH IN DIESER GESCHICHTE geht es um Kunst. Und um eine große Liebe, aber nicht die zu einer Sammlung, sondern die zu einer Frau. Und es geht um ganz viel Geld. Es begab sich im Jahr 1991, als ein junger Künstler namens Jeff Koons zusammen mit seiner italienischen Frau Ilona Staller, genannt Cicciolina (Schweinchen – sie arbeitete als Pornostar) in München in die Knöbelstraße 6a zog, in die Wohnung in der schon Franz Seraph von Pfistermeister, Minister unter König Ludwig II. gewohnt hatte. Ein Jahr lebten die beiden da. Der Künstler schuf in diesen Tagen seine Kunstwerke »Made in heaven«, die detailgenau intimste (wirklich ganz intime!) Szenen seiner Ehe darstellten, Bilder und Objekte, die ihn und Staller beim Geschlechtsverkehr zeigen. Schockieren habe er nicht, sondern die Schönheit der Erotik zeigen wollen, er und seine Frau als Adam und Eva. Bereits ein Jahr später verließ ihn Staller von heute auf morgen. Kurz nach der Trennung wurde ihr gemeinsamer Sohn Ludwig geboren, den Koons als eine biologische Skulptur und somit sein größtes Kunstwerk bezeichnet. Schaut man die Bilder des Sohns im Internet an (Stichwort Ilona Staller), dann sieht man einen schönen jungen Mann, gar nicht unähnlich dem König, dessen Namen er trägt.

Jener Ort, der mit König Ludwig II. zu tun hat, ist schön. So auch dieses Haus, nicht von außen, aber von innen, schon im Toreingang gibt es herrliche Seccomalereien. Koons, heute einer der am teuersten gehandelten Künstler der Welt, hat bis heute seine Mietschulden in München nicht bezahlt. Mitsamt den Zinsen sind es mittlerweile über 190 000 Euro. Sein Vermieter will bis zum Ende seiner Tage versuchen, das Geld einzutreiben.

Seelenverwandte

KOONS' WERK GILT wie das von König Ludwig II. als Kitsch. Koons hat Michael Jackson mit seinem Affen Bubble dargestellt, dem Michael Jackson, dem vor dem Orlando-di-Lasso-Denkmal in München von Fans eine Gedenkstätte gewidmet ist, das mit Bildern von Jackson, Herzchen und Lämpchen und allen möglichen Devotionalien bestückt und immer tiptop gepflegt ist. Jener Michael Jackson hat eine verblüffende Ähnlichkeit mit König Ludwig II. Beide nutzten die neueste Technik für ihre Zwecke. Beide wurden in der ersten Dekade der Jungfrau geboren. Beide waren »Mondkönige« (Michael Jackson wegen dem Moonwalk und König Ludwig, weil er nachts durch seine Schlösser geisterte). Beide genossen eine extrem strenge Erziehung seitens des Vaters, und beide hatten eine ruhige, bigotte Mutter. Beide verehrten den Sonnenkönig Ludwig XIV., beide hatten ein Faible für Nippes und Kitsch. Beide waren ihrer Zeit weit voraus. Beide waren äußerst großzügig – Michael Jackson wurde für seine Stiftungen ins Guinness-Buch der Rekorde eingetragen, und König Ludwig II. gab nicht nur für seine Schlösser, sondern auch für Geschenke ungeheure Summen aus.

Beide werden als Narzissten bezeichnet. Beide hatten eine enge Beziehung zu einer um Jahre älteren vollbusigen Frau mit dunklen Haaren namens Elisabeth. Beide galten vor ihrem Tod wenig. Beide galten nach ihrem Tod wieder sehr viel und hatten eine prachtvolle Beerdigung. Beide hegten eine besondere Liebe zu Pfauen. Beide haben eine extrem tiefe Demütigung erlebt (Jackson, als er vor Gericht die Hosen runterlassen musste, und Ludwig durch seine Entmündigung). Beide waren wahre Geldmaschinen nach ihrem Tod. Bei beiden spielte bei ihrem Tod ein Arzt eine dubiose Rolle. Beide wurden zu Unrecht beschuldigt (Kindesmissbrauch, Geistesstörung). Und beide haben der Welt ein wunderbares Werk hinterlassen.

Die Jackson-Gedenkstätte vor dem Bayerischen Hof – hier war der Künstler öfter abgestiegen, hier fand die damals umstrittene Szene statt, als er sein Kind über das Balkongeländer der Menge zeigte – mit all ihren Engeln, Herzchen und Jackson-Souvenirs wird von Mitgliedern des Vereines zur Förderung und Erhalt des Andenkens an Michael Jackson gepflegt, unter anderem von Nena Snezana Akhtar, Konditoreibesitzerin in der Häberlstraße 19. Die bodenständige Frau glüht für Michael Jackson und erzählt gerne und gut, warum das so ist. Global vernetzt sei man auch, amerikanische und andere Jackson-Fans schicken ihre Devotionalien, die vor das Münchner

Memorial gestellt werden, und die Münchner schicken die ihren in die USA.

Kommt man also zum Jackson-Memorial, dann meint man zuerst, hier würde der Komponist der Hochrenaissance Orlando di Lasso so verehrt. Und tatsächlich, zwischen Orlando di Lasso und Michael Jackson gibt es ebenfalls Parallelen: Beide waren schon in jungen Jahren berühmt, sie waren Globetrotter in Sachen Musik, hatten hoch dotierte Verträge, besaßen repräsentative Immobilien und wurden selbst von den Mächtigen verehrt. Nelson Mandela sagte in einem Interview 2005 über Michael Jackson: »Wenn du hinter Gittern sitzt, ohne die Hoffnung darauf, freizukommen, musst du die Kraft finden, wo auch immer es dir möglich ist. Ich persönlich habe die Kraft in Michael Jackson gefunden.« Über König Ludwig II. hat Bismarck im Jahr 1883 gesagt: »Es ist schade dass er Schrullen hat, es steckt viel in ihm. Er versteht das Regieren heute noch besser wie alle seine Minister.«

Diesseits vom Jenseits

Schon längst zur offiziellen Sehenswürdigkeit Münchens avanciert ist das Michael-Jackson-Gedenkmonument, das eigentlich für den Tondichter Orlando di Lasso gebaut wurde. Fans von Jackson halten die Stätte seit Jahren tipptopp in Ordnung.

Dunkle Zeiten

MENSCHENHANDEL. ERNIEDRIGUNG. VERNICHTUNG.

Nicht alles, was schlecht war, war auch so gemeint. Man wollte ja doch nur das Beste für die Mohren und die Wilden. Im »leuchtenden München«, wie Thomas Mann es bezeichnete, schob sich hundert Jahre später für gefühlte tausend Jahre das Dunkle vor das Licht, um von hier aus seinen Vernichtungsfeldzug anzutreten.

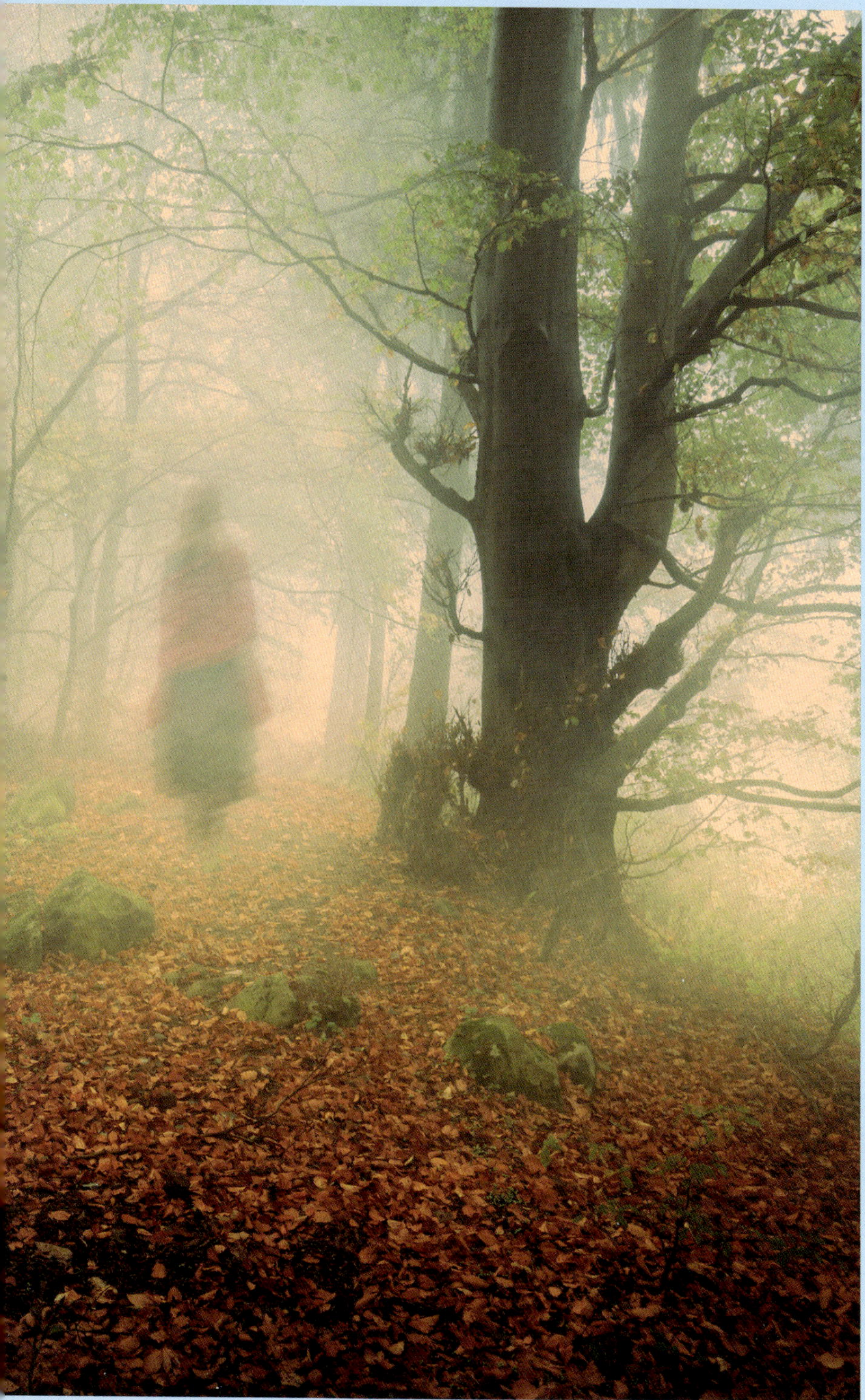

Schwarzes Souvenir

HERZOG MAXIMILIAN von Bayern, der Vater von Kaiserin Sisi, unternahm kurz nach ihrer Geburt eine ausgedehnte Reise in den Orient, unter anderem nach Ägypten und Palästina. Neben den üblichen Sehenswürdigkeiten wie den Pyramiden, wo er es sich nicht nehmen ließ, eine Partie Zither zu spielen, wurde auch der Sklavenmarkt besucht. Man will ja das authentische Leben auf Reisen sehen! Empört notierte der Herzog, dass er hier »Menschen gleich dem Vieh verkauft sehen« musste. Was ihn aber nicht daran hinderte, selbst welche zu kaufen, wie folgender Eintrag zeigt: »Ich kaufte mehrere dieser Schwarzen, um sie mit nach Europa zu nehmen.« Er und seine Reisegefährten brachten fünf »Mohren« im Alter zwischen zwölf und sechzehn Jahren mit nach Hause. Die Jungen, fast noch Kinder, waren schon einmal ihrer Heimat entrissen worden, von Sklavenhändlern, die ihnen einen arabischen Namen gaben. Weil die Jungen ja »Heiden« waren, wurden sie in München am Karsamstag 1839 im Dom feierlich getauft und aufs Neue umbenannt. Der gesamte Domklerus und das Volk waren dabei zugegen, wie dem Taufbucheintrag der Pfarrei zu entnehmen ist, der lapidar lautete: »Taufe von fünf Mohren«.

Die Schicksalswege der fünf waren unterschiedlich: »Theodor« segnete bereits 1841 das Zeitliche, »Karl« ging als Freiwilliger zur bayerischen Armee, entfloh von dort und ließ sich später von den Franzosen anwerben, »Alexander« wurde zum treuen Diener seines Herrn und ging mit ihm auf viele Reisen. Das Schicksal des »Georg« verliert sich im Dunkeln der Geschichte.

In der Finsternis schmachten

HEUTE MAG EINEM DAS eigenartig vorkommen, dass die »Heidenkinder« so schnell getauft wurden. Nur damals war das Wichtigste überhaupt im Hebammenkoffer die Taufspritze, deren Funktion von einem Johann Baptist Obermayer in seinem 1791 erschienenen Lehrbuch »Ausführlicher Unterricht in der Entbindungskunst« so beschrieben wurde: »Alsdann steckt sie die linke Hand, dessen Oberfläche mit Oel oder Fett bestrichen seyn muß, in die Mutterscheide, biß daß sie den Teil des Kindes gefunden hat, welchen sie von seinen Häuten abgedeckt zu seyn erkennt; neben der Hand stecket sie die Wasserspritze bis zu diesem Theil hinein; drükt den Stempel, und das Wasser ergießt sich über das Kind; zu gleicher Zeit aber spricht sie diese Worte aus: Wenn du lebest, so taufe ich dich [im Namen Gott des Vaters] etc.« Für die Menschen damals war eine Nottaufe ungeheuer wichtig, denn man glaubte, dass aufgrund des Sündenfalls – oh Eva, was hast du angerichtet mit dem Apfel? – jeder Mensch bei seiner Geburt schon die Erbsünde mit in die Welt brachte. Und nur durch die Taufe konnte er davon frei werden. Ungetauft Verstorbene konnten nicht in den Himmel kommen, auch nicht in die Hölle. Sie gondelten irgendwo im Jenseits, am Rande der Hölle, dem »limbus puerorum«, herum. Man sah sie für alle Zeiten in der Finsternis schmachten, wo sie niemals Gott sehen würden.

Der Mohr konnte gehen

AUCH KAISERIN ELISABETH hatte »ihren Mohren«, überhaupt fällt auf, dass sie in vielem ihrem Vater nacheiferte. So auch in ihrer intensiven Reisetätigkeit. Ihr Mohr Rustimo begleitete auf Elisabeths ausdrücklichen Wunsch ihre Tochter Valerie auf ihren Spaziergängen und Ausritten. Therese Fürstenberg hat das so beschrieben: »Valerie nahm neulich den Mohren mit auf den Ausflug. Zusammen mit dem Französischlehrer saß er im Wagen. Valerie verteilte Süßigkeiten an die Straßenkinder. Die aber getrauten sich nicht, näher zu kommen, so sehr fürchten sie den schwarzen Jungen. Einerseits wollten sie auf keinen Fall in die Nähe des Monsters mit den gefletschten Zähnen kommen, andererseits wollten sie dennoch an die Süßigkeiten kommen. Für die Kleine war das alles ein großer Spass.« Marie Festetics, Sisis Hofdame und eigentlich eine vernünftige Frau, fand Rustimo »einen Horror … zu groß für einen Affen, zu klein für ein menschliches Wesen.«

Viele Jahre lang war Rustimo ein enges Familienmitglied der kaiserlichen Familie. Verwöhnt und verzogen von Sisi. Bis sie seiner im Jahr 1890 überdrüssig wurde. Rustimo wurde in eine Wohlfahrtseinrichtung in Ybbs in Österreich verfrachtet, wo er ein Jahr später starb. Rustimo war ein Spielball von Sisis Launen. Der Mohr hatte seine Schuldigkeit getan, der Mohr konnte gehen.

Selbst König Otto von Griechenland brachte, nachdem er und seine Frau aus Griechenland vertrieben wurden, einen »Mohren« mit nach Bayern. Der »griechische Mohr« trug wie die Angehörigen des Athener Hofstaats die griechische Nationaltracht, und damit auch die Fustanella, den typischen weißen Faltenrock. Den hatte einst Königin Amalia entworfen, die vierhundert Falten sollten für vierhundert Jahre türkischer Herrschaft in Griechenland stehen. Die Bamberger staunten nicht schlecht, wenn der exotische Mann in die Stadt ging, um für Königin Amalia ihre geliebten Süßigkeiten beim immer noch in Bamberg ansässigen Hofkonditor Kraus zu besorgen.

Einen »Mohren« hat es einst auch als Christbaumkugel im Diözesanmuseum Freising gegeben. Im Jahr 2012 war es, als eine Frau bei Facebook das Skandalöse aufdeckte und sich über so viel Gedanken- und Geschmacklosigkeit entrüstete. Tradition hin oder her, es sollte doch Grenzen geben, so zeterte

Dunkle Zeiten

Nicht nach dem Leben gestaltet, aber erkennbar: der Kini und die Sisi als Weihnachtskugeln

sie, und hier seien doch die Grenzen weit überschritten worden. Eine andere gar witterte einen »aufgeknüpften« Mohren, den man sich an den Christbaum hängt. Ein naives Männermenschlein hingegen befand: »Ich finde da nichts Schlimmes dran. Aber ich mochte auch den Sarotti-Mohr.« In Freising gab man sich erstaunt über so viel Aufregung, denn der gekrönte Mohrenkopf sei doch das ehemalige Herrschaftszeichen der Freisinger Fürstbischöfe und »traditioneller Bestandteil des Wappens der Erzbischöfe von München und Freising und derzeit auch das des amtierenden Papstes« (Anmerkung der Autorin: der ja mittlerweile zurückgetreten ist). Wie der Mohr ins Freisinger Wappen gekommen ist, weiß man nicht mehr so genau. Aber man vermutet, dass man mit dem Abbild des stolzen Afrikaners – Symbol für Stärke – dem mächtigen Wappentier der Wittelsbacher Herzöge, dem Löwen, etwas entgegensetzen wollte. Wie auch immer: Eigenartig ist es schon, dass sich manche Menschen über Christbaumkugeln von »Mohren« aufregen, aber kein Wörtchen verlieren über Monarchen, deren Köpfe auch am Christbaum hängen. Die Köpfe von König Ludwig und Kaiserin Sisi hängt sich manch ein Münchner an den Weihnachtsbaum. Sind Monarchen denn keine Menschen?

Menschenfresser in München

DAS FAND MAN SEINERZEIT interessant, was die Wissenschaftler Carl Friedrich Philipp von Martius und Johann Baptist von Spix 1820 von ihrer im Auftrag des Königs unternommenen Brasilien-Expedition mitbrachten: neben einem 12-jährigen Indianerbuben vom Stamm der Juri-Comás auch ein 12-jähriges Mädchen vom Stamm der menschenfressenden Miranhas. Eine Menschenfresserin in München. Sensation! Toll! So was sah man im 19. Jahrhundert doch gerne. So stellte man sich doch einen Wilden vor: als Menschenfresser. Doch man war nicht schlecht zu ihnen, nein, man steckte sie in Pflegefamilien und ließ sie dort erziehen, die beiden Wilden. Nützte nichts, die beiden starben. Laut Expeditionsbericht geschuldet »dem Wechsel des Klimas und der übrigen Außenverhältnisse«. Nebenbei bemerkt: Die zwei Kinder konnten sich untereinander nicht verständigen, da sie ja aus verschiedenen Völkern stammten. Juris Kopf, interessant wegen einer Tätowierung der Oberlippen- und Wangenpartie, wurde in Spiritus eingelegt und in einem Schaugefäß der Anatomischen Schausammlung der Universität ausgestellt. Anders als die Exponate in Körperwelten hat sich hier der Besitzer des Kopfes zu Lebzeiten nie bereit erklärt, sich nach seinem Ableben ausstellen zu lassen.

Martius selbst hatte seinerzeit über zwei indigene Menschen, Carirís und Sabujás, geschrieben: »Sie sind indolent, faul und träumerisch, stumpf für den Antrieb anderer als der niedrigsten Leidenschaften, und stellen auch in ihren kleinlichen Gesichtszügen diesen Zustand von moralischer Verkümmerung dar.« Man fragt sich wirklich, warum sich dann Martius zwei von diesen »indolenten« Menschen mit nach München genommen hat …

Da nickte er dankbar

WIE SCHÖN WAR DAS früher für Katholikenkinder, wenn sie an Weihnachten den »Nickneger« vor der Krippe mit Geld füttern konnten. Sie warfen oben in den Heidenkopf eine Münze ein, und dann nickte die Figur dankbar. Daher auch ihr Name. Ein besonders edles Exemplar des Nicknegers ist im Haus der Missio, im Haus der Weltkirche in der Pettenkoferstraße, abgebildet, denn unter der sitzenden Figur steht der schöne Spruch »Ich war ein armer Heidensohn! Nun kenn ich meinen Heiland schon Und bitte darum Jedermann, Nehmt Euch der armen Heiden an.« Ja, so war damals, da gab es auch noch so richtige Missionare, die den armen Heiden den richtigen Glauben beibringen wollten. Man wurde gescheiter und verschonte die Heiden etwas mit dem richtigen Glauben, aber beschenkte sie mit Geld, Entwicklungshilfe nannte man das. Auch das ist an der Infowand im Missio-Haus zu sehen. Da ist unten ein »Negerkindchen« und oben eine helfende weiße

> Ich war ein armer Heidensohn!
> Nun kenn' ich meinen Heiland schon
> Und bitte darum Jedermann,
> Nehmt Euch der armen Heiden an.

Da war das Weltbild noch klar und einfach:
Hier die spendablen Christen, dort die armen Heiden. »Nickneger« sollen noch in manch einer bayerischen Kirche zu finden sein.

Hand. Diese Zeiten sind vorbei. Heute leben drei Viertel aller Christen in Ländern der südlichen Erdhälfte und prägen zunehmend das Gesicht der Kirche, das heißt, dass eher von Afrika aus missioniert wird als umgekehrt.

Im Missio-Haus zeigt man sich offen. Nach einer Terminabsprache wird man von einer Referentin empfangen und durch das Haus geführt. Nein, nicht geführt, man erkundet im Dialog den »Erlebnisraum«, wo überseeische Weltkirchen thematisiert sind, kann Mais stampfen (anstrengend!) oder ein

Lehmhaus besichtigen oder über Sandalen sprechen. Herzstück der Ausstellung ist die Missio-Hauskapelle, die mit Schnitzwerken südostafrikanischer Künstler aus Malawi gestaltet und unter das Motto »Alles Leben ist Wandel« gestellt wurde. Letzte Frage an die Referentin: »Wie sagt man denn nun? Schwarzer? Farbiger?« Antwort: »Wie wäre es mit Afrikaner oder Amerikaner oder Deutscher?« Touché.

Vom Mohr zum Magier

DIE WELT DER EXOTISCHEN Schwarzen und der Palmen ist noch heute im Luitpoldcafé in der Briennerstraße zu spüren. Im ersten Stock im kleinen Hausmuseum (kostenfrei zugänglich) stand bis vor Kurzem die entzückende Porzellanstatue eines Sarotti-Mohrs, auch so ein Mensch mit Migrationshintergrund und Turban, den wir in der Kindheit so liebten. Gute Frage, die da im kleinen Museum oberhalb des Prinz-Luitpold-Cafés gestellt wird. Ist das nun eine Figur aus Tausendundeiner Nacht oder eine aus kolonialer Vergangenheit? »Orientalismus« nannte man diese Weltanschauung, die auch das Verkaufen von Kindern aus Indien und Afrika an europäische Königshöfe für in Ordnung befand. Dort mussten sie als Pagen arbeiten – wie zuvor beschrieben.

Während die Adligen sich von Geschichten über das sagenhaft luxuriöse Leben der fernen Sultane verzaubern ließen, fühlten sie sich wohl selbst wie in einem Märchen aus Tausendundeiner Nacht. Auf solche orientalischen Diener geht wohl auch die populäre Werbefigur der Firma Sarotti aus dem Jahr 1918 zurück. Heute heißt er nicht mehr Sarotti-Mohr, sondern Sarotti-Magier. Wie auch der Negerkuss heute Schaumkuss heißt.

Weiße und andere Neger

SO EIN RICHTIGES Schimpfwort ist »Neger« bis heute nicht in München. Der Bayer, der sich wenig um feinziselierte Wortwendungen schert, meint mit einem Neger einen Neger. Und nicht wenige Münchner haben gute Erinnerungen an die schwarzen Soldaten der US-Army, die am 30. April 1945 in Richtung Marienplatz marschierten, um München von den Nationalsozialisten zu befreien. Manch einer ließ Orangen wie zufällig vom Laster fallen, andere warfen den Kindern Schokolade und Kaugummi zu. Aus dieser Zeit stammt Münchens berühmtester Farbiger, der Schauspieler Günther Kaufmann, der sein Leben in seinem Buch »Der weiße Neger vom Hasenbergl« verarbeitet hat.

Und ist in München nicht auch die Musik aus jener Zeit noch präsent, das damals abwertend genannte »Negergedudel« namens Jazz? Kein Jazzkonzert, das nicht restlos ausgebucht und von einem überaus kundigen Publikum besucht wäre. Wie wenig rassistisch der »Neger« in München gemeint ist, zeigt, dass man hier – als das Getränk noch in Mode war – schon mal einen »Neger« in der Wirtschaft antreffen konnte, der ohne mit der Wimper zu zucken einen »Neger« bestellte, aus Weißbier mit Cola. Das Ganze ist also reichlich kompliziert, wie man auch an der Geschichte sieht, die der Kabarettist Simon Pearce jüngst erzählte: Ein ehemaliger Kollege wollte ihm erklären, wie böse doch »die Neger« seien. Und hatte irgendwie übersehen, dass ein solcher ihm gerade gegenüberstand.

Es werde Licht

HEIDEN WAREN JA AUCH die alten Griechen und ihre Philosophen. Und so wurden mit dem Aufkommen des Christentums die Philosophenschulen der Antike geschlossen. In einem

Gebäude mit dunkler Nazivergangenheit in der ehemaligen Meiserstraße, heute Katharina-von-Bora-Straße, steht das Museum für Abgüsse Klassischer Bildwerke, nur unter der Woche, dann aber auf Spendenbasis zugänglich. Prunkstück des mit antiken Statuen und Philosophen dicht zugestellten Museums ist der Parthenon. Das dunkle Geheimnis des Parthenons lichtet sich, wenn man weiß, dass man unten auf das Knöpfchen drücken muss, damit es hell wird im Inneren des Parthenon, wo die Statue der Athena aufragt, die im realen Leben zwölf Meter hoch war. Geschaffen hat sie der Künstler Phidias, ein Freund von Perikles. Die Göttin, nach der Athen benannt wurde, soll die Überlegenheit der Stadt darstellen. Lichte antike Gedankenwelt in einem Gebäude aus dunkler Nazizeit – das Museum ist eines der eigenartigsten ganz Münchens.

Keine Hoffnung nirgends

LANGE VERBORGEN blieben die Briefe, die sich der Fotograf Edgar Hanfstaengl und die verschmähte Verlobte von König Ludwig II., Sophie, schrieben. Hanfstaengl war im 19. Jahrhundert neben Joseph Albert *der* Fotograf der königlichen Majestäten. Alle großen Familien – und das sind die Hanfstaengls zweifellos – haben ihre dunklen Geheimnisse. Der Reigen der Hanfstaengls begann mit Franz, einem Lithographen und späteren Fotografen, der technisch und menschlich auf allerhöchstem Niveau fotografierte: König Ludwig I., Maximilian II., Königin Marie, die spätere Kaiserin Sisi, Carl Spitzweg und Max von Pettenkofer – Hanfstaengl hat sie alle porträtiert. Und nach ihm sein Sohn Edgar.

Dass Sophie nicht nur vor dessen Kamera saß, sondern auch in Hanfstaengls Bett lag, war lange Zeit ein gut gehütetes Familiengeheimnis. Nicht einmal Sohn Ernst »Putzi« Hanfstaengl, der unter Adolf Hitler zum Auslandspressechef avancierte, mochte das Geheimnis preisgeben. Erst die ebenfalls mit Hitler eng befreundete Tochter Erna, die als letztes der fünf Kinder von Edgar Hanfstaengl 1981 starb, übergab kurz vor ihrem Tod die Briefe zwischen Edgar und Sophie der Öffentlichkeit. Sophie, die Edgar heimlich in München, im Schloss Pähl am Ammersee oder in Possenhofen getroffen hatte, schrieb in ihrem letzten bekannten Brief vom 23. Juli 1867 an ihn: »Hoffnung gibt es keine für uns – Entsagen. Mit Schauder blicke ich in die Zukunft, der Tag meiner Trauung steht wie ein schwarzer Schatten vor meiner Seele, und ich möchte entfliehen vor dem unbarmherzigen Schicksal. Ich liebe dich so innigst, mein Edgar, wenn du bei mir bist, kann ich es dir nicht sagen, wie tief dein liebes Bild in meinem Herzen ruht ... Leben Sie wohl! Leb wohl, mein Edgar ...«

Sophie wurde in ihrem weiteren Leben mit einem Adligen verheiratet, verliebte sich dann in ihren Arzt, wollte mit ihm in die Schweiz fliehen und wurde daraufhin von ihrer Familie – wie damals üblich – vor die Wahl gestellt: Geliebten verlassen oder Psychiatrie aufsuchen. In der Klinik des Psychiaters Richard von Krafft-Ebing wurde sie »behandelt«, kam »geheilt« heraus und kam dann Jahre später bei einer Wohltätigkeitsveranstaltung in Paris ums Leben, als dort ein Brand ausbrach.

Hakenkreuze im Herzen Münchens

WENIG BEKANNT IST bis heute die Hanfstaenglstraße in Neuhausen. Benannt wurde sie nach dem »Guten« der Hanfstaengls, nach dem Maler und Fotografen Franz Hanfstaengl. Doch sie birgt ein dunkles Geheimnis: Die Häuser in der Hanfstaenglstraße 16–20 bilden von oben gesehen ein Haken-

Dunkle Seiten

Sechzig Jahre lang zierten die Decke des Hofbräuhauses Hakenkreuze, bis sie dann zu Fahnen umgemalt wurden. Aber die frühere Form ist noch erkennbar.

kreuz – wenn man es weiß, kann man es auch von der Straße aus erkennen. Weitere Hakenkreuzhäuser stehen in der Donaustraße 25 und 32. Die »allerschönsten« Hakenkreuze findet man aber heute in stilisierter Form auf dem großen Eingangsportal des Wirtschaftsministeriums gegenüber dem Nationalmuseum. Und auch an den Gittern der Seitenstraße sind Hakenkreuze. Und rund um das Dachfries Stahlhelme wie aus einem Kriegsfilm. German Bestelmeyer hieß der Architekt, der das martialische Gebäude 1937/38 im Auftrag von Hermann

Göring erbaute. Hier war der Hauptorganisationspunkt für Aufbau der Luftfahrtindustrie in Bayern. Heute hat das bayerische Wirtschaftsministerium hier seinen Sitz. Keine geschichtlichen Erläuterungen lassen einen das Unmenschliche des Dritten Reichs so sehr erfühlen wie dieser Monsterbau. Gut, dass er in seinem originalen Zustand erhalten geblieben ist.

Im Herzen Münchens, das bayerischer ist alles andere, wehen auch die Hakenkreuzfahnen: An der Decke des Hofbräuhauses sind bayerische Fahnen in Form eines Hakenkreuzes aufgemalt. In diesem Haus fand am 24. Februar 1920 die erste Generalversammlung der »Deutschen Arbeiterpartei« statt, die sich wenig später NSDAP nenne sollte. Hier hatte Hitler zweitausend Zuhörern sein Parteiprogramm erläutert. Hier nahm das Unheil seinen Lauf, ein Ereignis, das von den Nazis selbst als Gründungsversammlung der »Bewegung« verklärt wurde. Hier aber – an diesem Ort – freuen sich und feiern heute wieder Menschen aller Länder und Schichten miteinander.

Aus der Dunkelheit ins Licht

NUN KOMMT MAN JA aus dem Ausland gerne wegen der Königsschlösser nach Bayern, aber auch gerne auf den Spuren der Nationalsozialisten. Erstaunlich, welch detaillierte Reiseführer es zu diesem Thema im anglophonen Raum gibt. Man liebt es dort halt: Das Erbe der Nazis, das doch gar so sehr wie aus einem europäischen Western daherkommt, wo man gleich sehen kann, wer zu den Guten und wer zu den Bösen gehört. Und die Bösen sind allemal spannender als die Guten. Wir als Nachfahren der Nationalsozialisten tun uns da etwas schwerer mit unserem Erbe. Wir können es ja wohl kaum als besonders spannenden Sightseeing-Punkt abhaken.

Ein Wunder der Metamorphose vom dunklen Nazigemäuer hin zu einem hellen Schmuckstück wurde im September

Dunkle Seiten

2014 der Öffentlichkeit vorgestellt: Bunker LS Sonderbau Nr. 50, einer von vierzig Hochbunkern, die auf Befehl des Führers vom 10. Oktober 1940 in München gebaut wurden, entpuppte sich nach seinem Umbau als lichtes Gebäude, als Lichtblick in der ansonsten eher tristen Umgebung. Zuvor mussten allerdings Tausende Steine aus dem Bau herausgebrochen werden, unter anderem, um große Fenster zu schaffen.

Wie es sich für eine Hauptstadt der Bewegung gehört, sollte auch dieser Bau der Stadt zur Zierde gereichen und bekam somit Renaissance-Elemente verpasst. Der denkmalgeschützte Hochbunker in der Ungererstraße gleich an der U-Bahn-Station »Alte Heide« besteht heute aus Büros und

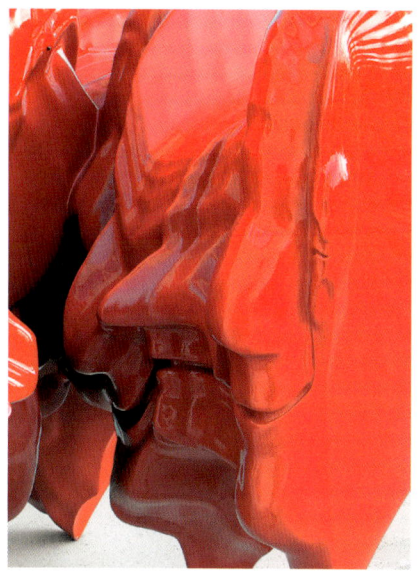

Nur wer genau hinschaut, erkennt, dass das vor dem ehemaligen Bunker Gesichter sind.

Wohnungen und unten im Erdgeschoss aus einer öffentlichen zugänglichen Galerie, in der Wechselausstellungen zum Thema Kunst und Architektur gezeigt werden. Vor dem Gebäude liegen Quader, sie sind Teil der herausgebrochenen Steine. Absoluter Hingucker: die Skulptur rechts von der Eingangstür, knallrot, auf den ersten Blick irgendwie organisch, schwammartig. Schaut man aber genauer hin, sieht man Gesichter, Menschen, die miteinander reden. Freie Menschen einer freien Gesellschaft. Alles richtig gemacht mit dem Umbau des Bunkers!

Die Spur des Bösen

ZIMMER NR. 253 – ein Gang im zweiten Stock des Münchner Justizpalastes führt direkt darauf zu, auf die weit geöffnete Tür von Zimmer 253. Langsam wird der Schritt, es fällt schwer weiterzugehen. Das Böse ist dort. Spürbar. Noch heute. In Zimmer Nr. 253. Eine der Gedenkstätten für die Geschwister Scholl, die in der Maximilians-Universität ihre Flugblätter herabgeworfen hatten und hier in diesem Zimmer zum Tode verurteilt wurden. Ihr Flugblatt begann mit den Worten »Nichts ist eines Kulturvolkes unwürdiger, als sich ohne Widerstand von einer verantwortungslosen und dunklen Trieben ergebenen Herrscherclique ›regieren‹ zu lassen. […] Goethe spricht von den Deutschen als einem tragischen Volk, gleich dem der Juden und Griechen, aber heute hat es eher den Anschein, als sei es eine seichte, willenlose Herde von Mitläufern, denen die Mark aus dem Innersten gesogen und nun ihres Kernes beraubt, bereit sind, sich in den Untergang hetzen zu lassen. […] Wenn jeder wartet, bis der andere anfängt, werden die Boten der rächenden Nemesis unaufhaltsam näher und näher rücken […].« Am 22. Februar 1943 wurde hier Sophie Scholl, Hans Scholl und Christoph Probst der Prozess gemacht.

Dunkle Seiten

Im wunderschönen neobarocken Justizpalast mitten in München fand der schreckliche Prozess um die »Weiße Rose« statt.

Beginn um 10.00 Uhr, vier Stunden später Verkündung des Todesurteils. Weitere vier Stunden später wurden die drei Widerständler im Gefängnis Stadelheim enthauptet. Gedenktafeln und stets ein Strauß weißer Rosen erinnern an die Studenten, die etwas sind, was es selten gibt: ein Vorbild. Ein echtes. Nirgendwo anders überwältigt einen die tragische Geschichte der Weißen Rose so sehr wie an diesem Ort.

Stein des Anstoßes

DAS IST DOCH EIN LAND der Seligen, in dem Steine des Anstoßes in der Politik diskutiert werden. Ein Land, in dem ein Trüppchen Journalisten in der eisigen Januarkälte bibbert, weil ein Pressetermin an einem Trümmerfrauen-Denkmal anberaumt war, genauer gesagt, an einem Stein, der ihrer gedachte. Sind wir mal ehrlich: Ein Denkmal wird in der Regel aufgestellt – und alsbald vergessen. Und keiner guckt hin. Im Falle des Steins des Anstoßes versuchten sich zwei Grüne (politisch gesehen) als Christo und Jeanne-Claude ... Sie verhüllten nämlich den Stein mit einem braunen Tuch (aufpassen: Symbol!), auf selbigem stand: »Den Richtigen ein Denkmal, nicht den Altnazis! – Gegen Spaenles Geschichtsklitterung«. Hintergrund der Geschichte: Historiker sagen, dass es in München nicht wirklich Trümmerfrauen wie in anderen Städten gegeben habe. Aber dennoch wurde im Jahr 2013, wie von der CSU schon seit Jahrzehnten gefordert, ein Gedenkstein aufgestellt: »Den Trümmerfrauen und der Aufbaugeneration Dank und Anerkennung München nach 1945. Im Wissen um die Verantwortung«. Historiker sagen, dass in München die Aufbauarbeiten schon 1940 nach den ersten Luftangriffen begonnen habe, für besonders gefährliche Arbeiten Häftlinge aus dem Konzentrationslager Dachau geholt wurden und dass nach dem Krieg ehemalige Parteimitglieder rekrutiert wurden. So weit die eine Seite, die Grünen. Die andere Seite, also die CSU, meinte: »Es geht um die Frauen, die die harten Nachkriegsjahre allein und mit den Kindern am Rockzipfel in den Trümmern durchgestanden haben. Und das waren Zehntausende.« Auch die Historikerin Leonie Treber meinte, die Menschen würden unter »Trümmerfrauen« eine ganze Aufbaugeneration verstehen. Der Stein des Streitens steht übrigens in der kleinen Grünanlage vor dem Marstallplatz.

Dort draußen am Ende der Stadt

DA KANN KEINER SAGEN, er habe nichts gewusst oder geahnt angesichts von 30 000 Zwangsarbeiterlagern in Deutschland, die es während des Dritten Reichs gegeben hat! Dreißigtausend! Unglaublich: Nur noch steinerne Hüllen dieser dunklen Geschichte sind übrig geblieben – eine in Berlin-Schöneberg, das war immer bekannt, und eine in München, das war eher unbekannt. Ganz am Ende der Stadt, am äußersten Rand von Neuaubing, dort wo bis weit über die Jahrtausendwende Münchens Welt aufhörte, lag das Lager, immer weitab vom Schuss. Von den ehedem neun Baracken stehen noch acht. Während des Kriegs arbeiteten acht- bis neunhundert Zwangsarbeiter für die Reichsbahn und das bei zehn Stunden Schwerstarbeit im Dornier-Werk oder im Ausbesserungswerk der Reichsbahn. Gelegentlich arbeiteten sie auch für die Nachbarn, von denen es das Wichtigste – Essen – als Entlohnung gab. Nach dem Krieg war die Anlage Flüchtlingsunterkunft, dann im Besitz der deutschen Bahn, die Mitte der 1980er-Jahre die Pflege des Geländes eingestellt hat. Was sich im Nachhinein als Glücksfall erwiesen hat, denn so blieben die Baracken erhalten, gleichzeitig entstand hier ein wahres Biotop.

Die Zwangsarbeit war eines der wichtigsten Unterdrückungsinstrumente des NS-Staats, und wie selten an einer Stätte ist hier noch das dunkle Erbe spürbar und erfahrbar ohne irgendwelche Informationstafeln, die aber in Planung sind. Hier hat sich eine lose Gemeinschaft von sechs Handwerksbetrieben und zwölf Künstlern in einer Künstlerkolonie niedergelassen, die man in dieser Art eher in Berlin als am Rande Münchens erwartet. Jeden ersten Samstag im Monat ist das Künstlercafé geöffnet, und dann kann man auch in den Keller des Lagers gehen, wo eine Künstlerin der Kolonie

Grauen thematisiert hat. Auf Mullstreifen aufgedruckt sind Aussagen ehemaliger Lagerinsassen. Eine der Baracken wurde im Mai 2015 als Erinnerungsstätte eröffnet. Was die Künstlerkolonie betrifft, so kann man nur hoffen, dass sie bleiben wird.

Das Dornier-Werk in Neuaubing war eines von insgesamt sieben Werken in Deutschland und der Schweiz. Ab 1937 wurden hier die Nachtjäger Do 215 produziert, ab 1941 dann der schwere Bomber Do 217, der 1942 bei den sogenannten »Baedeker-Angriffen« eingesetzt wurde. Die hießen so, weil sie im Baedeker aufgeführte kunsthistorische Städte wie Canterbury zerstören sollten. Das glaubt man ja nicht, aber selbst einen Baedeker kann man für Kriegszwecke missbrauchen.

Das Grauen im Keller

AUS AUBING STAMMT einer der grausamsten Mörder der deutschen Kriminalgeschichte. Und doch ist sein Name ziemlich unbekannt: Johann Eichhorn, die »Bestie aus Aubing«. Das liegt vermutlich daran, dass er NSDAP-Mitglied war und das Ganze vertuscht wurde. Er hatte in den 1930er-Jahren reihenweise Frauen aufgelauert, bevor er 1939 festgenommen wurde. Wie viele Frauen ihm zum Opfer fielen ist bis heute nicht bekannt. Verurteilt wurde er zum Tode durch das Fallbeil – für fünf Morde und neunzig Vergewaltigungen. Die tatsächliche Zahl seiner Vergewaltigungen und Morde soll aber bei mehreren hundert liegen. Die Mordserie begann 1928 im Münchner Westen, bis endlich 1939 – es war der 29. Januar – Passanten Eichhorn beobachteten, wie er in Aubing ein zwölf Jahre altes Mädchen überwältigte. Wirklich dingfest konnte ihn die Polizei erst machen, als sie durch einen Spitzel im Gefängnis Einzelheiten über Eichhorn erfuhr und Eichhorns Lügengebäude in sich zusammenkrachte. Über Nacht wurde aus dem treusorgenden Familienvater ein perverses Monster. Nach seiner

Verhaftung wurde Eichhorn von Ärzten und Psychologen untersucht und als »intellektuell nicht unterdurchschnittlich veranlagter« Mensch beurteilt. Es handle sich aber bei ihm um einen »ethisch und moralisch tiefstehenden, haltlosen, willensschwachen, sexuell außergewöhnlich triebhaften Psychopathen [...]«. Ende November 1939, als er schon zum Tode verurteilt war, schrieb Eichhorn aus dem Gefängnis einen Abschiedsbrief an seine Familie. »Nachdem ich schweres Unrecht begangen habe, muß ich auch mit furchtbaren Folgen rechnen. [...] Ich selbst äußerte den Wunsch, Euch nicht mehr zu sehen.« Am 1. Dezember 1939 wurde Eichhorn im Alter von 33 Jahren hingerichtet. Seine Familie nahm einen neuen Namen an und verließ Aubing.

Die Messer, mit dem Eichhorn seine Opfer verstümmelte, sind in der erst 2011 gegründeten Polizeiausstellung im Polizeipräsidium in der Ettstraße 2 zu sehen, nebst zahlreichen anderen Asservaten von »der Bestie aus Aubing« wie Fahndungsplakaten und Ermittlungsakten. Die Ausstellung stellt die Geschichte der Münchner Polizei dar. Es fängt an mit dem Bezug des imposanten Gebäudes im Jahr 1913 (wo es übrigens noch einen Pater Noster gibt) und führt weiter durch die verschiedenen Epochen bis zu den aktuellen Einsätzen und Fällen. Dabei wird unter anderem auf historische Kriminalfälle wie den von Eichhorn, die Geiselnahme in der Prinzregentenstraße und das Olympiaattentat sowie die legendäre Funkstreife Isar 12 eingegangen. Leider haben nur Gruppen nach Voranmeldung Einlass.

Hier in der Connollystraße 31 im Olympischen Dorf kehrten sich 1972 die heiteren Olympischen Spiele in Spiele des Terrors um.

Das Dunkle hat draußen zu bleiben

DAS DUNKLE, dem die Kaiserin so sehr verhaftet war, sollte an die hundert Jahre später in München außen vor bleiben. Heitere, lichte Olympische Spiele sollten es werden anno 1972 in München. Die Antithese zu den Olympischen Spielen 1936. Und Manfred Schreiber, der Polizeipräsident, wusste, wie das geht. Man ignoriert einfach das Dunkle. Und was man nicht sieht, das gibt es nicht. So meinte er. Welch Hybris! Georg Sieber, Polizeipsychologe, hatte seinerzeit 26 Krisenszenarien ausgearbeitet. Dazu gehörte auch das Szenario eines Terroristenüberfalls, wobei der Terrorismus damals erst in seinen Anfängen steckte. Polizeipräsident Schreiber schnitt ihm das Wort ab, das brauche man jetzt nicht. Und keine Reaktion auf einen Bericht der italienischen Illustrierten *Gente*, die drei Tage vor dem Attentat schrieb, Terroristen der Gruppe Schwarzer September planten »eine aufsehenerregende Tat bei den Olympischen Spielen«. Die schriftlichen Unterlagen zu den Thesen und Hypothesen eines möglichen Anschlags auf das Olympische Dorf sind beim Polizeipräsidium München bis heute nicht auffindbar und werden es wohl für immer bleiben. Das Dunkle, der Drachen, den der Polizeipräsident ignorierte, ließ sich von ihm nicht schrecken. Drachen sind keine Haustiere.

Kraftorte damals und heute

ZUM NICHT NACHWEISBAREN Grenzbereich zwischen Wissenschaft, Archäologie und Mythos gehören die Kultplätze unserer Ahnen, über deren Kulte wir nur Vermutungen anstellen können. Schriftlich haben sie ja nichts hinterlassen. Es gab aber einmal eine Zeit, als dieses Thema geradezu heikel war. Noch Mitte der 1980er-Jahre warnte der Leiter der Bodendenkmalpflege in Speyer, Dr. Heinz-Josef Engels, die Publizistin Gisela Graichen: »Das ist ein heißes Eisen. Ich habe immer die Finger davon gelassen, obwohl mich Religion und Kult brennend interessieren. Ich kann Sie nur warnen!« Das muss man sich mal vorstellen, renommierte Wissenschaftler warnen vor der Erkundung von vorchristlichen Kultstätten. Aber es war eben ein heißes Eisen – ein Erbe der Nazis, deren Stiftung »Forschungsgemeinschaft Deutsches Ahnenerbe« von Heinrich Himmler persönlich gegründet wurde. Was war nicht alles germanisch damals! Ein römischer Steinbruch, eine Wandkritzelei, eine Rune. Man dachte sogar daran, deutsche Kirchen abzureißen, um darunter liegende Kultstätten zutage zu fördern.

Alles war irgendwie germanisch bis hin zu Griechenland, das zur prähistorischen Stätte germanischen Ariertums erklärt wurde. Das Tausendjährige Reich ging aber vorher unter. So weit, so gut. Graichen forschte weiter auf den Spuren der Ahnen. 1988 erschien ihr Buch »Das Kultplatzbuch – Ein Führer zu den alten Opferplätzen, Heiligtümern und Kultstätten in Deutschland.« Das war fünf Jahre vor der Anlage des Westparks, der, wenn man genau hinschaut, einen »Kultplatz«, wie ihn unsere prähistorischen Ahnen hatten, birgt. Schräg gegenüber dem »Kultplatz« des Bieres, dem Biergarten beim Rosengarten, versteckt sich dieser geheime Platz. Umstanden von sieben Linden, mit einem großen Stein als »Altar«, auf den um 12 Uhr die Sonne scheint und ihn in helles Licht taucht. Ein Ort der Kraft, ein magischer Ort.

Wie auch der Königsplatz mitten in München ein uralter Kraftort sein soll. Was auch Adolf Hitler wusste, nicht umsonst hat er dort seine Aufmärsche stattfinden lassen. Heute baut man sich seine Kraftorte auch gerne selbst, in dem man Gebäude nach den Richtlinien des Feng-Shui errichtet. Und wie in so vielem, ist auch hier München wieder der Vorreiter. Denn hier wurde Europas erstes Bürogebäude nach Feng-Shui-Prinzipien errichtet. Das Aviva Munich in der Carl-Wery-Straße wurde frei von spitzen Winkeln und scharfen Kanten errichtet, stattdessen wurden innen und außen abgerundete Bauteile verwendet. Ein verglaster Innenhof, ein Springbrunnen, ein künstlicher Bachlauf, indirekte Flurbeleuchtungen und warme Wandfarben sollen für eine Wohlfühlatmosphäre sorgen. Außerdem sollen abgeschirmte Leitungen zusätzlich den Elektrosmog im Gebäude reduzieren.

Selbst vor dem Oktoberfest macht Feng-Shui nicht halt. Wie die Mandelverkäuferin Frau Kartje berichtete, ist es ihr mit Hilfe von Feng-Shui gelungen, ihre geschäftlichen Aktivitäten auf der Festwiese zu verbessern. Sie hat ihren Mandelstand um drei Grad in Richtung Süden gedreht und an der

Dunkle Seiten

Ein prähistorischer Kultplatz in München? Ja, den gibt es im Westpark, auch wenn er aus neuerer Zeit stammt.

Decke Steine und Münzen aufgehängt. Die Münzen waren »asiatische Glücksmünzen« mit Loch in der Mitte, damit das Chi auch gut hindurchfließen kann … Und, oh Wunder, nicht nur ihre Verkäuferinnen waren besser gelaunt, sondern der Umsatz ging auch steil nach oben. München – so sagt man in der Szene, sei Deutschlands heimliche Feng-Shui-Hauptstadt.

Ahnungsvolles

WEISSAGUNGEN. GESPENSTER. TRÄUME.

Die Anderwelten sind in einer katholisch geprägten Welt immer präsent. Komische Heilige auch. Mit denen sind Katholiken ja aufgewachsen. So wundert es nicht, dass München stets ein Biotop für diese besondere Spezies war und ist. Und auch das Königshaus hat so manch einen liebenswert skurrilen Monarchen hervorgebracht.

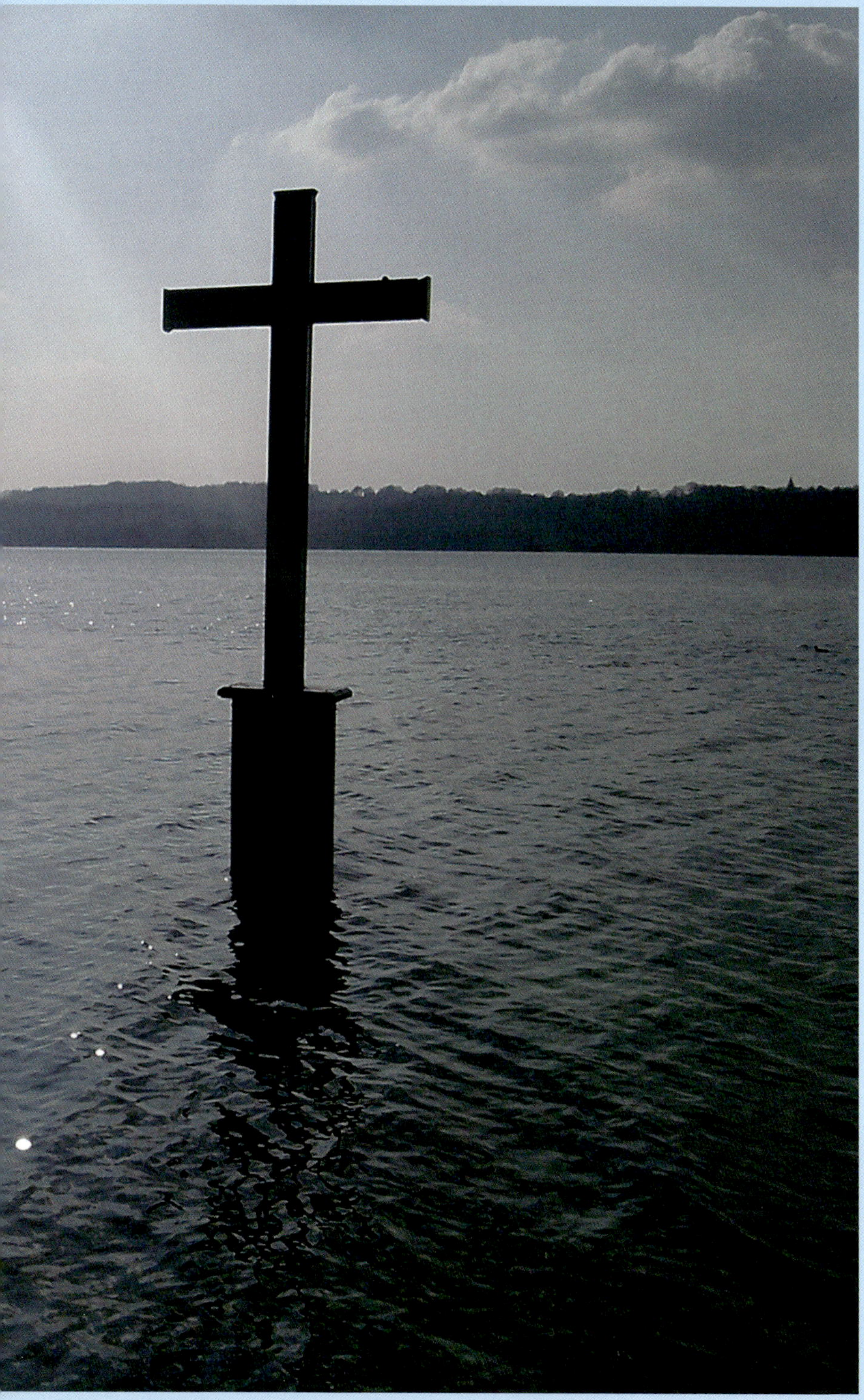

Der Fluch der Benediktinermönche

JENSEITS VON MÜNCHEN und südöstlich von Dubrovnik liegt die Insel Lokrum, auf der noch heute eine alte Legende über einen Fluch kursiert, der die schlimmsten Auswirkungen auf die Häuser Wittelsbach und Habsburg hatte. Lokrum, ein Pflanzenparadies, war ab der zweiten Hälfte des 19. Jahrhunderts ein beliebtes Ziel der Habsburger, wo sie gerne ihre Sommer verbrachten. Die Insel wurde von ihren ersten Eigentümern, den Benediktinern, verflucht, weil die Habsburger sie von der Insel vertrieben haben, um dort diese Residenz errichten zu lassen. Die Benediktiner hatten in der Nacht vor ihrem Aufbruch die Insel mit brennenden, nach unten gerichteten Kerzen umrundet und die zukünftigen Eigentümer verflucht. Die Mönche von der Insel Lokrum legten also den Grundstein für all das Unglück das später folgen sollte.

Der erste Habsburger auf der Insel, Erzherzog Maximilian, Bruder von Kaiser Franz Joseph, wurde, nachdem er drei Jahre Kaiser von Mexiko war, erschossen. Seine Frau Charlotte, die auch auf Lokrum war, wurde, nachdem ihr Mann erschossen worden war, wahnsinnig. Sie, die ihm geraten hatte, die Stellung als Kaiser in Mexiko zu halten, obwohl er bedroht war, überlebte ihn um sechzig Jahre. Nach dem Tod von Maximilian wurde Rudolf der neue Eigentümer der Insel, der einzige Sohn von Kaiser Franz Joseph I. und Elisabeth von Bayern. Er verbrachte auf der Insel vor Dubrovnik seine Hochzeitsreise mit seiner Verlobten Stephanie. Die Chronisten berichten, dass »Die Erde bebte und das Meer unruhig wurde«, als Rudolf und Stephanie das erste Mal am Sandstrand von Dubrovnik ausstiegen. Jahre später hat Rudolf seine Geliebte Mary Vetsera und dann sich selbst erschossen. Und dann wollten auch noch im Jahr 1914 der Thronfolger von Österreich-Ungarn, Franz

Ferdinand, und seine Frau Sophie von Hohenberg den Sommer auf Lokrum verbringen. Aber vor dem Aufenthalt auf der Insel besuchten sie Sarajevo, wo sie bei einem Attentat brutal ermordet wurden. Bekanntlich löste dieses Attentat den Ersten Weltkrieg aus, in dem drei Kaiserreiche fielen, Österreich-Ungarn, Türkei und Russland, und in dem Abertausende von Menschen ihr Leben verloren. Der Fluch kann der Legende nach nur aufgehoben werden, wenn das Wachs, das in dieser Nacht auf die Erde floss, aufgesammelt wird.

Tod durch Feuer, durch Stahl, durch Wasser

AUCH IM KLEINEN BAYERN hatte eine Weissagung negative Folgen. Sie wurde von eine »Zigeunerin« gemachte. Sie hatte damals am Starnberger See, wo die kleine Sisi, die ja in München und am Starnberger See in Possenhofen aufgewachsen ist, dem kleinen Ludwig und Sisis Schwester Sophie die Hand gelesen. Mit Grausen wandte sie sich ab. Nur schwer konnte ihr entlockt werden, was sie gesehen hatte: »Ich sehe Tod durch Feuer, durch Stahl und durch Wasser.« Nun, Sisis Schwester Sophie ist bei einer Wohltätigkeitsveranstaltung in einem Pariser Waisenhaus umgekommen, als bei der ersten Kinovorführung der Welt durch die Brüder Lumière das Vorführgerät zu brennen anfing. Ihre Schwester Sisi wurde in Genf erstochen und König Ludwig ist im Starnberger See ertrunken.

So viel zur Langzeitprophezeiung. Aber alle drei hatten – ohne es zu ahnen – ihr Ende vorausgesehen. Sisi hatte am letzten Abend ihres Lebens, in der Rothschild-Villa, wo sie Champagner getrunken und den Klängen eines italienischen Orchesters gelauscht hatte, ziemlich unvermittelt in perfektem Französisch gesagt: *»Je voudrais que mon âme s'envolât vers le ciel* *par une toute petite ouverture de mon coeur«* – »Ich wünschte, meine Seele würde durch eine ganz kleine Öffnung in meinem Herzen zum Himmel fliegen.« Und so war es ja dann auch. Sie wurde mit einem Dolch erstochen. Und Sophie hatte verfügt, dass ihr langes schweres Haar nach ihrem Tod verbrannt werden sollte. Nun, der Wunsch wurde ihr erfüllt.

Die eigenartigste Prophezeiung stammt aber von König Ludwig selbst: In seiner Pferdegalerie, dem wenig bekannten Pendant zur Schönheitengalerie seines Großvaters Ludwig I., hängen 26 Porträts seiner schönsten Pferde. Cosa Rara, Diotwina, Alswidr oder Thorilde heißen die edlen Pferde, dargestellt jeweils vor einem der Lieblingsaufenthaltsorte des Königs (und wie Kenner wissen, auch gelegentlich mit einem Lieblingsliebling daneben). Wie ein Orakel mutet das Bild von »Woluspa« an. Der Name bedeutet »Name der Seherin«. Das Tier wurde vor Schloss Berg dargestellt, in dessen Nähe der König später unter ungeklärten Umständen ertrinken sollte. Von all den Pferdebildern, die Pfeiffer für König Ludwig gemalt hat, ist »Woluspa« das einzige, dass das Pferd nicht statisch von der Seite, sondern in Bewegung zeigt. Woluspa zeigt eindeutig Panik vor den Häschern, die sie fangen wollen. Und sieht der kleine Kläffer rechts im Bild nicht aus wie Ministerpräsident Lutz, der kleine ehrgeizige Minister, der entscheidend an des Königs Entmachtung mitgewirkt hatte? Und sieht das Pferd nicht so aus, wie König Ludwig ausgesehen hätte, wenn er ein Pferd wäre. Hatte er doch wie Woluspa einen auffallend kleinen Kopf im Verhältnis zur Körpergröße, und er war ein dunkle Schönheit. Eigenartig, das alles.

Und noch eine weitere Prophezeiung: Graf Maximilian von Holnstein, sein Marstallfourier, der ebenfalls zur Entmündigung beigetragen hatte, sollte versichern, er möge auf der Stelle blind werden, wenn er etwas mit der Entmündigung zu tun gehabt hätte. Neun Jahre später sollte eben dieser Graf von Holnstein als vollständig erblindeter Mann sterben. Die

Glocken der Theatinerkirche, offiziell St. Kajetan, sollen von sich aus einen Tag vor des Königs Tod dreizehnmal geläutet haben.

Epilog: Auf dem Alten Südlichen Friedhof liegt Julius Hofmann begraben. Der Zaun um sein Grab stammt noch aus der Zeit, als der Friedhofswächter Ziegen auf dem Friedhof hielt und das Grab nicht von ihnen abgefressen werden sollte. Hofmann (1840–1896) war von König Ludwig II. zunächst mit der Innenausstattung der Schlösser Neuschwanstein und Herrenchiemsee beauftragt. Ab 1858 arbeitete er zusammen mit seinem Vater an der Ausstattung des Schlosses Miramare bei Triest, wo die wahnsinnig gewordene Charlotte später ihre letzten Lebensjahrzehnte verbringen sollte. 1864 folgte er Maximilian nach Mexiko, um in dessen Auftrag Schloss Chapultepec in Mexiko-Stadt zusammen mit anderen Architekten zur kaiserlichen Residenz umzugestalten. Zum Zeitpunkt von Maximilians Hinrichtung 1867 hielt sich Hofmann wieder in Europa auf, wo er in dessen Auftrag das ehemalige Benediktinerkloster auf der Insel Lokrum bei Dubrovnik restaurieren sollte. Hofmann – ein Architekt des Grauens. Wenn auch ungewollt.

Die Blutgräfin und die Kaiserin

GERADEZU MAGISCH angezogen von der Melancholie, von der Trauer, war Kaiserin Sisi. Zu Lebzeiten war sie eine Ikone der Eleganz. Das berühmteste Bild von ihr, das sie als Schönheit mit den stilisierten Edelweißen (die fälschlicherweise meist als »Sterne« bezeichnet werden) zeigt, stammt von dem aus dem Schwarzwälder Ort Menzenschwand kommenden Franz Xaver Winterhalter, der auch bei dem Münchner Maler Ferdinand Piloty gelernt hatte. Piloty hatte seinerseits eine Ikone eines Monarchen geschaffen, die des jungen schönen König Ludwig II. Pilotys Name wurde ebenso weitgehend vergessen wie der Winterhalters. Erst in jüngster Zeit kam Winterhalter in seinem Wohnort im Schwarzwald zu Ruhm und Ehren, indem Einheimische gegen den Widerstand anderer Einheimischer sein Geburtshaus zu einem Museum umgebaut haben. Winterhalter hat die Kaiserin in einem wunderschönen Kleid gemalt, geschaffen von Charles Frederick Worth, dem ersten Couturier, dem Karl Lagerfeld des 19. Jahrhunderts. Auch den Auftrag, das ungarische Krönungskleid der Kaiserin zu entwerfen, hatte er. Und das sollte nach Sisis Willen nach dem Kleid der ungarischen Gräfin und Namensvetterin Erzsébeth Barthory geschneidert werden, ebenso wie die schwarze Robe – den schwarzen Trachten der ungarischen Gräfin nachempfunden, die Elisabeth auf einem Bild trägt, das nach Ansicht ihres Gatten die beste Darstellung seiner Frau war. Leider befindet sich das Bild in Privatbesitz.

Die ungarische Gräfin soll ebenso wie die aus München gebürtige österreichische Kaiserin äußerst intelligent, außergewöhnlich schön und von ihrem Äußeren geradezu besessen gewesen sein. Doch während sich die Münchnerin mit Milchbädern begnügte, mussten es für die Ungarin mittellose Jungfrauen sein, die sie einfangen und einsperren ließ, um dann ihr Blut zu trinken oder sich damit einzureiben. Auf dass sich die Jugendlichkeit der Mädchen auf sie übertrage. So zumindest stellte man im 19. Jahrhundert die Gräfin dar, die auch den Dracula-Mythos stark beeinflusste. Für die Barthory war ein kleines Loch schließlich die letzte Verbindung zur Außenwelt, nachdem sie angeklagt, verurteilt und in einem Raum eingemauert wurde, der nur diese kleine Verbindung zur Außenwelt hatte.

Ahnungsvolles

Verfluchte Sippe

MAL ANGENOMMEN, die Wittelsbacher feiern ein Fest in der Residenz oder in Schloss Nymphenburg. Eine Tür öffnet sich wie von Geisterhand und eine schwarz gekleidete Frau schwebt herein, dann heißt es, rette sich wer kann. Zumindest wer ein Wittelsbacher ist. Denn die Sippschaft ist verflucht. Anders gesagt, wie es sich für eine Adelsresidenz gehört, haben auch die Wittelsbacher ein Schlossgespenst. Die schwarze Frau soll der Geist der im Jahr 1665 längst verschiedenen Kurfürstin Maria Anna sein, deren Erscheinen dem Geschlecht stets Unheil verkündet. Sie zeigte sich vor dem plötzlichen Tod von Maximilian II. genauso wie vor dem Tod seines Sohnes Ludwig II. Im Jahr 1969 träumte Prinz Adalbert von Bayern von einer schwarzen Frau, und wenig später starb sein Sohn Konstantin bei einem Flugzeugabsturz.« Übrigens: Freud hatte herausgefunden, dass Gespenster nur in jenen Kulturen gefürchtet werden, die den Glauben an Geister weitgehend aufgegeben haben.

Und ewig spukt der schwarze Pudel

ES WAR ZU DER ZEIT, als die Stadt München von den Österreichern besetzt war. Wie es so ist in unsicheren Zeiten: Man versteckte sein Hab und Gut vor dem Feind. Aber wie es auch so ist: Es gibt halt immer einen Verräter. Im Falle der Wittelsbacher und ihren versteckten Schätzen war es ein Diener, der dem Feind das Versteck verriet. Und das in Zeiten des Kriegs, wo man doch alles Geld für die Rüstung brauchte! Aber die Strafe folgte auf den Fuß, der Diener wurde entlarvt, überführt und hingerichtet. Als er in der Hölle unten ankam, ging es mit dem Bestrafen weiter: Denn er musste das Gold, das er als

Der schwarze Pudel links ist ein Gespenst, die weiße Dame daneben
die Kaiserin von Österreich.

Lohn für seinen Verrat bekommen hatte, als geschmolzenes Gold aufessen. Und zu guter Letzt wurde er auch noch in einen Pudel verwandelt, der bis heute in der Residenz herumspukt, was nicht weiter schlimm wäre, wenn dem Viech nicht heiße Höllenflammen aus dem Maul kämen. Es gibt sogar ein Bild eines schwarzen Pudels mit Kaiserin Elisabeth: Die schaut nämlich für ihre Verhältnisse recht fröhlich aus einem Fenster. Und was sitzt neben ihr? Genau, ein großer schwarzer Pudel. Sisi sollte sich selbst in späteren Jahren in ein Gespenst verwandeln, wie Eugénie de Montijo, die Witwe Napoleons, erzählte: »Es war, als ob man mit einem Gespenst zusammen war, denn ihr Geist schien in einer anderen Welt zu weilen. Selten sah sie, was um sie herum vorging. Auch bemerkte sie es kaum, wenn sie von denen, die sie erkannten, gegrüßt wurde.«

Der Geist der Mutter

»WAS IST DENN DAS FÜR EIN VOGEL?«, fragt eine ahnungslose Besucherin in der BMW-Welt am Rand des Olympiaparks. Und meint damit die berühmteste Kühlerfigur der Autogeschichte: die Kühlerfigur von Rolls-Royce, die »Spirit of Ecstasy«, auch »Emily« oder »Flying Lady« genannt. Der »Geist der Verzückung« gehört zum Rolls wie der Geist zum britischen Schloss. Der »Spirit of Ecstasy« sitzt vorne auf einem Rolls-Royce Ghost, für den BMW die Motoren baut. Und so gibt es auch in der BMW-Welt einen Geist. Den aber niemand fürchtet. Der aber, wie alle Geister, seinen Ursprung in Großbritannien hat. Leise wie ein Geist ist das Gefährt. Gespenstisch hoch ist sein Preis. Seinen Namen verdankt es seinem Vorfahren Silver Ghost (gebaut von 1906 bis 1925). Das Einzige, was man damals angeblich hören konnte, war das Ticken der Uhr im Auto. Im neuen Ghost hört man nicht mal die. Dass der Ghost technisch mit dem 7er BMW verwandt ist und viele seiner Komponenten hat, sieht man zwar nicht, aber Fahrer des Wagens meinen hier und da den Geist seiner Münchner Konzernmutter zu spüren. Unter anderem beim erstklassigen Bedien- und Navi-System. Ach: Und warum nun ist der Ghost das Schreckgespenst aller Chauffeure? Tja, weil die meisten Ghost-Besitzer sich lieber selber hinters Steuer setzen, als ihren Chauffeur fahren zu lassen, der sich dann bald eine andere Arbeit suchen muss.

Es scheint so, als ob das Geisterhafte doch etwas Urbayerisches ist, denn nicht nur in der BMW-Welt ist es anzutreffen, sondern einst war es das auch im vornehmen Cuivilliés-Theater, wo Oskar Maria Graf, der Schriftsteller, eingeladen war. Er konnte es nicht lassen, in seinen uralten abgetragenen Lederhosen zu erscheinen, und beschrieb seinen Auftritt folgendermaßen: »Ich duschte mich und zog meine bayerische Tracht an: weißes Leinenhemd, kurze Lederhosen, Janker, Kniestrümpfe

»Nicht ohne meine Lederhose« war die Devise von Oskar Maria Graf, der sie sowohl in New York als auch im Cuivilliés-Theater trug.

und das Hütel mit den Federn. Gleich darauf stieg ich die breiten Treppen hinunter. Der ganze Betrieb kam einigermaßen ins Stocken. Es war, als erscheine ein Geist.«

Böser Geist

WAS WURDE NICHT ALLES geschrieben über König Ludwig II. – an die fünftausend Bücher soll es geben. Irgendwie merkwürdig, dass 128 Jahre lang keiner auf die Idee kam, sich mal genauer mit dem Mann zu beschäftigen, der gemeinsam mit dem König im Starnberger See ertrunken ist. Alfons Schweiggert, auch er Verfasser von unzähligen König-Ludwig-Büchern, machte sich 2014 ans Werk, um das Leben und Sterben des Psychiaters, der irrtümlicherweise oft als der »Leibarzt« des Königs bezeichnet wird, kriminalistisch zu untersuchen, bei dürftiger Quellenlage und bei vielen im Krieg verlorenen Unterlagen.

Der 1824 geborene Bernhard Gudden interessierte sich schon als junger Medizinstudent für die Irren, wie man psychisch Kranke damals nannte. Sie wurden gequält, gefoltert, weggesperrt, in Zwangsjacken gesteckt, auf Zwangsstühle gesetzt. Manchmal wurde auch die Kopfhaut mit giftigem Brechweinstein eingerieben, damit die Haut aufplatzte. Dadurch hätte der »böse Geist« entweichen sollen. Dr. Gudden ging neue Wege, er setzte sich für eine gewaltfreie Behandlung der Kranken ein, wohnte sogar mit seiner Frau und den neun Kindern auf dem Klinikgelände. Den König hat er nur einmal gesehen: im Jahr 1872, als ihn König Ludwig wegen seines geisteskranken Bruders Otto konsultierte. Nur nach Aktenlage hatte er den König für unzurechnungsfähig erklärt, denn dieser hätte sich niemals persönlich untersuchen lassen. Dass König Ludwig nicht geisteskrank war, weiß man heute. Aus damaliger Sicht war aber seine Lebensweise zu »verrückt« von der Normalität.

Nebenbei bemerkt. Es gab schon mal einen Ludwig II., der für geistig unzurechnungsfähig erklärt wurde, in seinem Fall wohl zu Recht. Der Erzherzog von Baden, Ludwig II., war einer Psychose erlegen und von Guddens Lehrer, Dr. Christian Roller, begutachtet, für dauerhaft regierungsunfähig und für unmündig erklärt worden. Man nimmt an, dass Gudden, der in den Jahren 1851 bis 1855 als Assistenzarzt in der badischen Irrenanstalt Illenau gearbeitet hatte, die Gutachtertätigkeit von Dr. Roller kannte.

Gudden handelte nach bestem Wissen, als er zusammen mit anderen Psychiatern das unselige Gutachten schrieb. Ein

Mann, der bis dahin alles richtig gemacht hatte, musste seinen ersten großen Fehler mit dem Leben bezahlen.

Törichter Traum

WENIGE TAGE VOR seinem Tod habe Dr. Gudden einen merkwürdigen Traum gehabt: Er war bleich und verstört zum Frühstück gekommen. Er habe einen törichten Traum gehabt, der ihm die Nachtruhe geraubt habe. Er sei unaufhörlich in einem Kampfe mit einem Mann im Wasser gewesen. Sie hätten unablässig miteinander gerungen – so habe der preußische Diplomat Philipp Fürst zu Eulenburg berichtet. Fast eine kleine Sensation könnte man die Entdeckung Schweiggerts bezeichnen, die er in jenem Sommer gemacht hat: In einer Schuhschachtel in Rosenheim fand er die Totenmaske Dr. Guddens. Und auf der sind eindeutige Spuren: eine Schwellung über dem rechten Auge, wodurch die rechte Augenpartie etwas nach unten gedrückt ist. Auf der rechten Seite der Nase vom inneren Augenwinkel verlaufen zwei geschürfte Streifen. Auch vom inneren Winkel des linken Auges gehen Abschürfungen aus. Die Verletzungen und Abschürfungen können durch beim Weg ins Wasser zurückschnellende Zweige und Äste des Buschwerks entstanden sein, beim Ringen mit dem König, bei der Bergung der Leiche aus dem Wasser. Die Beerdigung des Dr. Gudden auf dem Ostfriedhof wurde zu einem öffentlichen Spektakel. Menschenmengen drängten sich vor dem Leichenschauhaus. Flugblätter wurden verteilt, auf dem dem Psychiater Rache geschworen wird für seine Königsschändung. Man munkelte, irgendjemand werde den »Saupreiß« wieder ausgraben und den Raben zum Fraß vorwerfen. Also wurden Wachen am Grab aufgestellt – allerdings sollte sich weit und breit kein Grabräuber zeigen. Jedes Mitglied der Familie Gudden war aber von nun an Persona non grata.

Ahnungsvolles

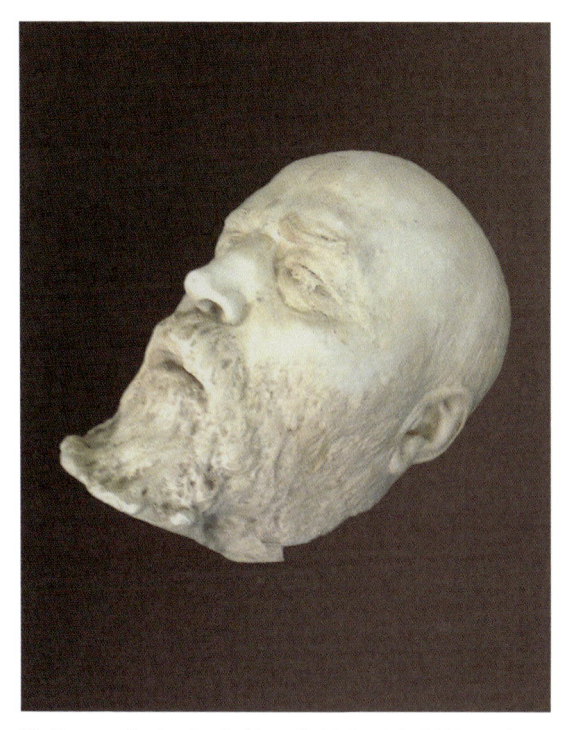

Die Totenmaske des Dr. Gudden, die bis ins Jahr 2014 unerkannt in einer Schachtel in Rosenheim ruhte. Über dem Auge erkennt man deutliche Kampfspuren.

Totenmasken hatten im 19. Jahrhundert eine große symbolische Bedeutung. Sie waren geradezu Kultobjekte des aufgeklärten Bürgertums. Einen hohen Wert maß man den Erstabgüssen zu, da bei denen die Haut detailgetreu wiedergegeben war, also auch die Falten. Bei den Nachgüssen wurden die Falten und andere Unregelmäßigkeiten geglättet, da sie nicht als Dokument eines gelebten Lebens, sondern als ästhetisch schönes Abbild galten.

Der Himmel hat eine Träne geweint

UNTER DEM GELÄUTE der Münchner Kirchenglocken und dem Donner der Kanonen im Hofgarten setzte sich kurz vor zwölf Uhr der Trauerzug für König Ludwig II. in Bewegung. Er führte über die Brienner Straße, den Königsplatz, die Sophienstraße und den Karlsplatz zur St. Michaelskirche. Tausende mit Sonderzügen angereiste Trauergäste säumten die Straßen, ein Fensterplatz mit besserer Sicht auf das Großereignis kostete hundert Goldmark. Als der Sarg des Königs aus der Residenz herausgetragen wurde, riss der bis zu diesem Moment verhangene Himmel auf, und die Sonne schien auf den Trauerzug. Als der Sarg St. Michael erreichte, zogen dunkle Wolken auf und ein heftiges Gewitter ging über München nieder. Ein mächtiger Blitz, der nicht zündete, schleuderte einige Menschen an die Mauer der Kirche. Viele, die dem neu eingesetzten Prinzregenten Luitpold misstrauten, sahen dies als ein böses Omen für die Zukunft Bayerns. Die Zeitungen schrieben angesichts des Regengusses: »Der Himmel hat eine Träne geweint!«

In der Gruft neben König Ludwig ruhen auch Kaiserin Sisis Tochter Gisela (nach der die Giselastraße benannt ist) und deren Mann Leopold (Sohn von Prinzregent Luitpold und Namensgeber der Leopoldstraße). Die Kapelle, in der die beiden ruhen, ist leider verschlossen, seit zwei vom Oktoberfest betrunkene Australier dort in zwei freien Grabnischen ihren Rausch ausschliefen und über Nacht eingeschlossen wurden – zum Schrecken des Pförtners, dem in der Früh aus der Dunkelheit der Gruft zwei dunkle Gespenstergestalten entgegenwankten …

Auch in neuerer Zeit gab es in München zwei spektakuläre Beerdigungen: die des Franz Josef Strauß, von der manche sagen, gegen dessen Trauerzug sei der von König Ludwig II.

eine Arme-Leute-Beerdigung gewesen. Auch die Beerdigung von Rudolf Moshammer geriet mehr zu einem Spektakel denn zu einer Beerdigung. Hauptsache, es war »eine schöne Leich«, wie man in Bayern zu gelungenen Beerdigungen sagt.

Und ewig plappert Pachem

EINE GRUSLIGE, nein eher eine blutrünstige Geschichte, aber diesmal glücklicherweise nur literarischer Art: Graf Dracula, unser aller Lieblingsvampir, mag vielleicht in Transsylvanien sein blutrünstiges Unwesen getrieben haben, geboren wurde er aber in München. Jawohl! Denn ursprünglich beginnt das Buch über Dracula mit den Worten: »*Left Munich at 8:35 pm, on 1st May*«, (verließ München um 8.35 Uhr am 1. Mai). Leider wurde das erste Kapitel später gestrichen und zur Kurzgeschichte »Draculas Gast« umgeschrieben. In dieser Geschichte steigt der Romanheld Jonathan Harker im Hotel Vier Jahreszeiten ab. Er unternimmt in der Walpurgisnacht eine Kutschenfahrt durch München und gelangt irgendwann in ein verlassenes Dorf, in dem man der Überlieferung nach die Toten unter der Erde reden hört. In einem aufkommenden Schneesturm flüchtet sich Harker in ein Mausoleum und stört so blöderweise eine dort wohnende Vampirin, die ihn verjagen und beißen will. Jetzt kommt Graf Dracula ins Spiel, der die weibliche Konkurrenz wegbeißt, in dem er – also Dracula – die Form eines weißen Wolfes annimmt. Wie kam Bram Stoker eigentlich auf die Schnapsidee, Dracula in Berg am Laim – eher bekannt für gruslige Langweiligkeit als für bissige Lebendigkeit – anzusiedeln? Nun, es gibt die Legende vom historisch nachgewiesenen Dorf Pachem bei Berg am Laim, das urplötzlich von der Landkarte verschwand. Zu sehen ist also nichts mehr von dem Dorf, aber das Geplapper der unterirdischen Einwohner soll man bis heute an windstillen Tagen hören.

Herzensangelegenheiten

IMMER WIEDER gibt es Autoren, die die Zukunft beschreiben. Wie der US-Schriftsteller Morgan Robertson, der vierzehn Jahre vor dem tatsächlichen Untergang der »Titanic« in seinem Roman »Titan. Eine Liebesgeschichte auf hoher See« den Untergang eines Dampfschiffs beschrieb, das als der größte und sicherste Dampfer und als unsinkbar galt. Das war er aber nicht, nur 705 von über 2 200 Personen überlebten den Untergang der »Titanic«. Zu den Opfern zählte der bayerische Benediktinerpater Joseph Peruschitz, der gemeinsam mit dem englischen Geistlichen Thomas Byles auf einen Platz in den überfüllten Rettungsbooten verzichtete. Eine kleine Gedenktafel im Kreuzgang des Klosters Scheyern, fünfzig Kilometer nördlich von München, erinnert an ihn. In Frieden möge Josephus Peruschitz ruhen, ist auf ihr eingemeißelt, »qui in nave ista Titanica die 15. IV. 1912 pie so devovit«, der auf jenem Schiff »Titanic« sein Leben hingab.

Ganz so dramatisch war es bei Lorenz von Westenrieder nicht. Der Schriftsteller schrieb um 1800 über die Roseninsel im Starnberger See: »Groß genug wär die Insel um darin irgendeinen Kummer zu begraben auch groß genug, zwei Herzen aufzunehmen, die jetzt in der süßesten und glücklichsten Schwärmerei ihre Seelen nichts bedürfen als sich selbst und nichts wünschen als Gebüsche ihr Glück vor den Augen des Neids zu verbergen.« Nanu, wie konnte der wissen, dass sich Jahre später zwei schwärmerische Seelen dort treffen würden? Der Ludwig und die Sisi. Lorenz von Westenrieder war übrigens ein ganz bodenständiger Mann: Er galt als bedeutendster bayerischer Schriftsteller des 18. Jahrhunderts. Sein Meisterwerk war sein Buch zur älteren Geschichte Bayerns.

Ahnungsvolles

Die Briefe des Andreas Rill

ZU KRIEGSZEITEN, wie oft berichtet wird, sind die Menschen hellsichtiger. Oder nehmen es vielleicht auch nur mehr wahr. Im Jahr des Krieges 1914 lag der bayerische Infanterist Andreas Rill bei Colmar im Quartier und schickte seltsame Feldpostbriefe an seine Lieben in der Heimat. Er hätte einen »prophetischen Franzosen« und einen »sonderbaren Heiligen« gefangen, und was der so alles gesagt habe, das würde ihn schwer belasten. Der Krieg sei für Deutschland verloren und »geht (bis) ins fünfte Jahr, dann kommt Revolution«. Später gibt es »so viel Geld, daß man es beim Fenster rauswirft und klaubt's niemand mehr auf«. »Zirka 32« erscheine ein »Mann aus der niederen Stufe, und der macht alles gleich in Deutschland«, und zwar »mit einer Strenge, daß es das Wasser bei allen Fugen raustreibt«. Das Recht würde nicht mehr Recht sein, »jeden Tag gibt's neue Gesetze, und viele werden dadurch manches erleben oder gar sterben […]«. Stehe an der »Jahreszahl vier und fünf, dann wird Deutschland von allen Seiten zusammengedrückt, und das zweite Weltgeschehen ist zu Ende. Und der Mann verschwindet, und das Volk steht da und wird noch vollständig ausgeraubt. Man nehme deren Vermögen, wo und wann immer es sich anbietet. […] Wer der Pflicht nicht nachkommt, den wird Allahs bittere Rache ereilen«.

Die Authentizität der Feldpostbriefe wird von Experten nicht angezweifelt. Bis zum Jahr 2007 waren sie im Besitz der Erzabtei St. Ottilien, dann wurden sie an das Institut für Grenzgebiete der Psychologie und Psychohygiene in Freiburg übergeben.

BMW ist eben bayerisch, selbst der Büroturm der Firma sollte wie vier zusammengestellte Biergläser aussehen. BMW – Baut mehr Wunder – so soll der wirkliche Name des Konzerns sein, sagen manche.

Bayerischer Biergläser-Bau

DAS BMW-HOCHHAUS steht am Petuelring gegenüber dem Olympiapark, ist 101 Meter hoch und dient als Hauptverwaltungsgebäude und Wahrzeichen des Autoherstellers. Seine Form ähnelt einem Vierzylinder, das direkt daneben stehende BMW-Museum wird salopp auch Weißwurstschüssel oder Salatschüssel genannt. Interessant ist die Statik des Hochhauses, denn die vier Zylinder stehen nicht auf dem Boden, sondern hängen an einem im Inneren des Gebäude nach oben führenden Mittelpylon. So können die Räume optimal und variabel genutzt werden. Sie sind von fast allen Seiten ausgeleuchtet, und die Wege für die Angestellten sind kurz. Interessant auch ein auf den ersten Blick nicht auffallendes Detail: Die Fenster in der Aluminiumfassade sind schräg gestellt. So wird der von außen kommende Lärm gegen die schallschluckenden Decken gelenkt, gleichermaßen verhält es sich mit den Gesprächsgeräuschen in den Büros. Der Architekt des Gebäudes, der Wiener Karl Schwanzer, soll vor einigen Jahrzehnten beim Geschäftsessen mit Managern des Autobauers BMW vier Maßkrüge auf dem Biergartentisch zusammengestellt haben, um so zu demonstrieren, welche Form das Hochhaus für die Konzernzentrale am Petuelring einmal haben soll.

Karl Schwanzer, in der Fachliteratur als einer der besten Architekten des 20. Jahrhunderts bezeichnet, endete tragisch: Im August 1975 erhängte sich der 57-Jährige in seinem Wohnhaus in der Nähe von Wien. Er habe die Kritik von Kollegen nicht ertragen, wie anschließend berichtet wurde. Er habe vor allem bei einem Projekt in Österreich versagt. Ein Architekt, der ein weltweites Meisterwerk geschaffen hat, in dem er das Prinzip Hängung verwendete, hat sich am Ende selbst aufgehängt. Was für eine Ironie des Schicksals.

Ach, wär er doch zum Astrologen gegangen

JEDE ZEIT HAT IHRE Zukunftsseher und Astrologen, und München hat Winfried Noé. Der Starastrologe wurde gar selbst zum Thema in der Regenbogenpresse: Erst nachdem sich seine Frau von ihm getrennt hatte, schaute er sich ihr Horoskop näher an.

Und was entdeckte er darin: »übersteigertes Triebleben, wollüstiges Begehren, Unsittlichkeit und Ehebruch«. Wie er im Nachhinein genau erkannte, bildet im Horoskop seiner Frau der »extrem langsam laufende Pluto im Steinbock ein exaktes Quadrat zu Venus im Widder im Partnerschaftshaus«. Tja, im Nachhinein sind wir halt alle schlauer. Sogar die Astrologen.

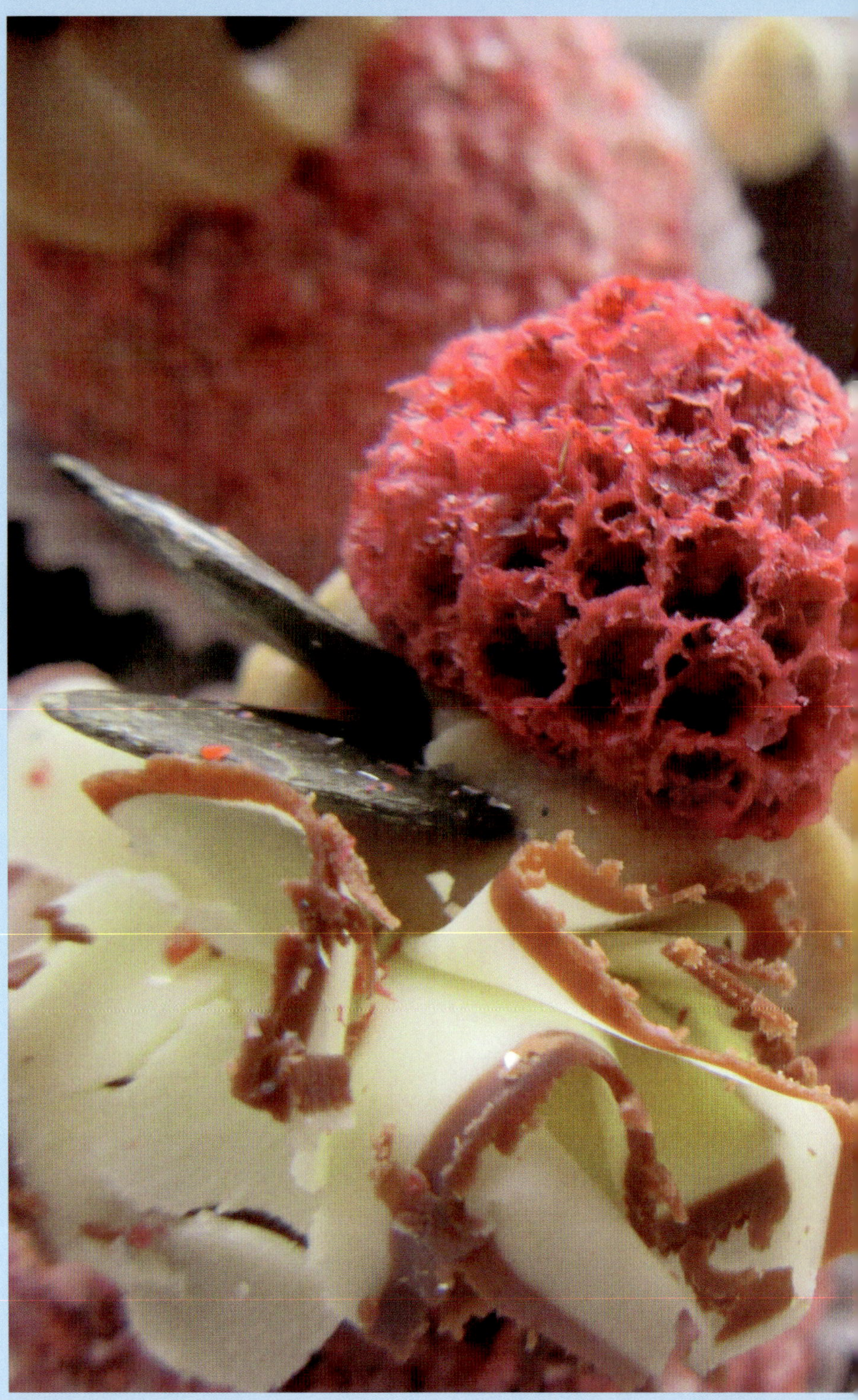

Und ewig lockt die Sünde

FREMDGEHEN. INDULGENZ. KUCKUCKSKIND.

München ist weitgehend katholisch. Und das ist gut so. Denn Katholiken sündigen leichter. Denn sie wissen, ihnen wird vergeben. Sie müssen halt nur bereuen. Nur dann wird ihnen verziehen. Sündigen und sündigen lassen ist hier die Devise. Wo Licht ist, ist auch Schatten.

Freifahrschein fürs Fremdgehen

DAS IST JA SO EINE SACHE mit den Königen und der ehelichen Treue. Es waren in der Regel ja keine Liebesheiraten. Es ging ums Dynastische. Und deswegen wurde fremdgegangen, aber was dann dabei herauskam, wurde verschwiegen und vertuscht. Das ist nichts Neues. Geahnt haben wir es, aber nun ist es bewiesen! Auf jeden Fall in der causa Ludwig I. und einem seiner unehelichen Nachkommen. Ludwig war ja erotisch nie so ganz ausgelastet, trotz Ehefrau und diverser Geliebten. A bisserl was ging ja immer noch. Aber da gab es ja jenes sechste Gebot »Du sollst nicht ehebrechen«, dem er, da von Gottes Gnaden König von Bayern, verpflichtet war.

Aber für einen Katholiken gibt es ja immer ein Hintertürchen, denn wie sagte Fürstin Gloria von Thurn und Taxis, fromme Sünderin aus dem Regensburger Fürstenhaus: »Die Kirche liebt die Sünder und nicht die Sünde.« Und die muss es ja wissen! Als Katholikin und so. Zurück zu König Ludwig I.: Er beauftragte in Sachen außerhäuslicher Erotik seinen Hofmarschall Anton Freiherr von Gumppenberg, in Rom vorstellig zu werden, um dort ein Gutachten einzuholen, das den Prinzen, der er damals noch war, vom sechsten Gebot erlösen solle. Rom beschied dem Hofmarschall unmissverständlich, dass schon »die tausendfachen Präliminarien vor der allerletzten Handlung jenseits ehelicher Treu geschähen«.

Auf gut Deutsch: Rom sagte Nein. Als Gumppenberg zurück in München seinem Kronprinzen die Nachricht überbrachte, wollte der sich gleich von der Mauer stürzen. Gumppenberg hatte die Botschaft hinter dem Beinahe-Mauersprung verstanden und machte dann tatsächlich einen Jesuiten ausfindig (die Jesuiten sind ja für die Sonderfälle in der Kirche zuständig …), der nicht nur die Absolution erteilte, nein, mehr noch, einen Sündenfreibrief für alle Zeiten. In Fachkreisen heißt so etwas »größtmögliche Indulgenz (Nachsicht) in dieser Beziehung für schwache Menschen und Weltkinder« – also für die, die den Reizen des Fleisches nicht widerstehen können.

Gumppenbergs Grab auf dem Alten Südlichen Friedhof wurde übrigens von Roman Anton Boos gestaltet, der seinerseits auch mal einen heiklen Auftrag vom König hatte. Er sollte nämlich den Fuß von Lola Montez modellieren, damit der König seinen Fetisch habe, doch war der Fuß der Montez so hässlich, dass Boos doch lieber auf das Modell eines antiken Fußes zurückgriff. So weit die üble Nachrede. Ein Reporter aber hatte über sie einst geschrieben: »Sie hatte eine umwerfende Figur und bezaubernde Füße, und sie bewegte sich in vollkommener Anmut.« Aufreizende Füße, die der König auch gerne in den Mund genommen hat, wie man den Briefen des liebestollen Monarchen entnehmen kann.

Seine Lola Montez wurde für die Schönheitengalerie von Joseph Stieler, dem Maler der Adligen, in auffällig züchtiger und hochgeschlossener schwarzer Kleidung dargestellt und mit einem eisernen Gürtel um die Leibesmitte. Was nicht ganz passend war für eine Liebeskünstlerin, die, wie der König einem Freund anvertraute, »mit den Muskeln ihrer Intimteile wahre Wunder vollbringen« konnte und ihm »zehn Orgasmen in 24 Stunden verschaffte«. Ludwig I. bat also Stieler, das Bild umzumalen mit den Worten: »Ein alter Pinsel kann wohl nicht mehr anders.« Worauf Stieler schlagfertig antwortete: »Für einen alten Pinsel ist die noch gut genug.« Joseph Stieler liegt ebenfalls auf dem Alten Südlichen Friedhof begraben.

Königliche Kuckuckskinder

ZURÜCK ZU DEN königlichen Kuckuckskindern: Da gab es den Erzbischof Antonius von Thoma (1829–1897), der es bis zum Erzbischof von München und Freising brachte. Der Sohn der Bauerntochter Kunigunde Kunz wurde per Überschreibung im Taufbuch am 1. März 1829 als Sohn des herrschaftlichen Jägers Berchtold Thoma aus dem Bayerischen Wald und seiner Frau ausgegeben. Man hatte den Schwindel schon immer geahnt: Als er 1889 von Prinzregent Luitpold als Bischof von Passau und dann als Münchner Erzbischof nominiert wurde, gab es schon Gerüchte, wie man aus einem Schreiben des damaligen bayerischen Außenministers Friedrich Krafft Freiherr von Crailsheim anlässlich der Ernennung Thomas zum Bischof von Passau ersehen kann.»In der scandalsüchtigen Presse ist unterdessen das Gerücht aufgetaucht, dem neuernannten Bischof stehe die Irregularität der nicht ehelichen Geburt im Wege«, hieß es da, und dass man,»falls es in vatikanische Kreise gedrungen« sei, »mit Entschiedenheit« dementiere. Uneheliche bedurften seinerzeit einer »päpstlichen Dispens«, um Priester, geschweige denn Bischof zu werden. Und so wurde damals halt kurzfristig etwas am Taufschein gearbeitet. Erzbischof Antonius von Thoma verstarb ohne (zumindest offizielle) Nachkommen – sein Vermögen ging an die Kirche.

Auch König Ludwig II. soll unehelichen Ursprungs sein. Aber nicht aus Gründen des Fremdtändelns, sondern aus Gründen der Staatsräson. Denn sein Vater Maximilian, ein zeitlebens kränklicher Mann, soll sich als junger Mann die Syphilis geholt haben, als er in Sachen Liebe im Ausland unterwegs war, um dort die Kunst der Erotik zu lernen.

Früher titelte alljährlich zur Wiesnzeit am Italiener-Wochenende der Boulevard »Unser Kini – ein halber Italiener?«, womit man sich auf die Theorie bezog, dass Guiseppe Tambosi, Sohn des aus Italien stammenden Gründers des

Und ewig lockt die Sünde

Cafés Luigi Tambosi, der Vater von Ludwig gewesen sei. Legen wir diese Theorie, die besagt, Marie wäre mit Wein trunken gemacht und dann von Guiseppe geschwängert worden, ad acta und besuchen lieber das Café Tambosi und schauen die Bilder des Königs im Café an. Tatsächlich kommt als einziger und höchst wahrscheinlicher Königsvater nur Ludwig Freiherr von der Tann-Rathsamhausen in Betracht. Er war außergewöhnlich groß (über 1,80 Meter, Ludwig war 1,92 Meter), er hatte eine große Ähnlichkeit mit Ludwig, er war ein enger Jugendfreund des Königs. Er stammte aus Preußen wie Ludwigs Mutter, er ging gerne in die Berge wie sie, er hatte sich auf Pistole duelliert, was damals verboten war, aber aufgrund des Vetos von Ludwig II. nicht bestraft wurde. Schon zu Lebzeiten wurde eine Straße nach ihm benannt, was sehr ungewöhnlich ist, da Straßen in der Regel erst nach Verstorbenen benannt werden. Und schließlich: Von der Tann, der 1881 gestorben ist, erhielt eine ungewöhnlich prachtvolle Beerdigung, die prachtvollste, die es je in Bayern gegeben hat. »Auf Befehl Sr. Maj. Des Königs findet die für die aus Anlaß des Begräbnisses v. d. Tanns hier anwesenden Vertreter der allerhöchsten und höchsten Herrschaften sowie die bayrische Generalität […] nachmittags 3 Uhr in k. Residenz eine Marschalltafel statt.« So hat es Paul Ernst Rattelmüller in seinem Buch »Pompe funèbre« beschrieben. Übrigens hat König Ludwigs Opa, Ludwig I., in einem Brief über die Geburt seines Enkels geschrieben: »Nach der Geburt des Sohnes von Marie«. Hätte er ihn nicht normalerweise als »meinen Enkel« bezeichnet? Nun könnte man das ja als Hofklatsch abtun, wer nun der wahre Vater von Ludwig II. war. Wenn aber Ludwig II. wirklich unehelich war und dies aufgrund des florierenden Hofklatsches irgendwie mitbekommen hat, dann könnte es ja erklären, warum König Ludwig II. dieses übersteigerte Bewusstsein eines von Gott gegebenen absolutistischen Königtums hatte. Einfacher gesagt: Hätte Maximilian II. nicht die Syphilis gehabt, wären die Königsschlösser nicht entstanden. Und das wäre ja schade, also das mit den Königsschlössern.

Aber auch König Ludwig II. soll uneheliche Nachkommen gezeugt haben. In Garmisch-Partenkirchen soll ein Nachkomme leben, einer in Aschheim im Osten von München, und selbst in Amerika soll ein Sohn des Königs geboren worden sein. Seine Mutter war die Bildhauerin Elisabet Ney, der der König höchstpersönlich Modell stand – eine exklusive Ehre, die sonst niemandem zuteilwurde. Es war nicht leicht, den jungen König zu einer Modellsitzung zu überreden. Er hatte sich dann nur unter der Bedingung bereit erklärt, dass Fräulein Ney weder mit ihm sprechen noch Messungen an ihm vornehmen würde. Achtmal hat er Modell gesessen, nachweisbar in den Odyssee-Sälen der Münchner-Residenz. Die Künstlerin schuf die Statue des jungen Königs in der Tracht des Georgsritters, bis sie dann überstürzt in ihre Heimat Texas zurückkehrte. Sie war schwanger. Und selbst seriöse Stimmen waren der Ansicht, dass König Ludwig der Vater sei. Das Kind, ein Bube, kam 1871 in den USA zur Welt. Er soll von außerordentlicher Schönheit gewesen sein. Das Bübchen, Arthur, nach Schopenhauer genannt, starb mit zwei Jahren an Diphtherie. Die Künstlerin ließ die Leiche des kleinen Kindes einäschern. Die Statue des Königs, die vor der von Ludwig I. gegründeten Technischen Universität stehen sollte, ist heute in Schloss Herrenchiemsee zu bewundern.

Auch in Partenkirchen soll es Nachkommen von König Ludwig II. geben. »Dem König sein Bua« sei der Johann Rieger für die Partenkirchner immer gewesen. Ein »blitzsauberes Weib«, also eine sehr attraktive Frau, sei die Mutter des Königssohnes gewesen, bekommt man in Partenkirchen zu hören. Marianna Rieger hieß sie, ein armes Hirtenmadl soll sie gewesen sein. Wenn einst der König die Einsamkeit der Berge suchte, arbeitete sie als Zimmermädchen dort oben, weitab von der Welt, auf dem Schachen. Ab 1870 feierte der König dort oben alljährlich seinen Geburtstag, so auch am 25. August 1879 in dem schwülstig-sinnlichen, orientalischen Salon des Königshauses: Neun Monate später, am 27. Mai 1880 gebar Marianna ihren Sohn Johann. Von da an begannen die Gerüchte um das Königskind nie zu verstummen. Zugeben hätte sie selbst das nie können, sie wäre mit Steinen aus dem Dorf gejagt worden. So königstreu wie man damals war, hätte man auf den Monarchen nichts kommen lassen und schon gar kein Verhältnis mit einem Hirtenmadl geglaubt. Eingetragen als Kindsvater wurde ein anderer Mann, ein Besenmacher, zu dem laut Einheimischen Marianna Rieger nie Kontakt gehabt habe. Eigenartig, dieser Rieger wurde »ausdrücklich« und dies unterstrichen, als der Vater des Johann genannt. Eigenartig auch: Johann Rieger soll vom König bei jedem Besuch in Partenkirchen ein paar Golddukaten geschenkt bekommen haben. Das Haus des »Königskindes« steht noch heute. Es ist das prachtvolle Gästehaus »Zur Zufriedenheit« und wird noch immer von den »Nachfahren« des Königs bewohnt.

Und auch Herzog Maximilian aus der nicht regierenden Linie, der »in Bayern« und Vater der Sisi war, war sexuell sehr umtriebig. Er soll der Vater des königlich bayerischen Hofarchitekten Max Kolb gewesen sein, der wiederum der Vater der Dichterin Annette Kolb war, die von Thomas Mann als ein alterndes Mädchen von »mondäner Hässlichkeit mit einem eleganten Schafsgesicht« beschrieben wurde. Auf die Frage der Süddeutschen Zeitung, ob an dem Gerücht der unehelichen Zeugung etwas dran sein könnte, antwortete Herzog Franz, der amtierende Wittelsbacher-Chef im Jahr 2014: »Dieses Gerücht hat es schon immer gegeben. Auch Annette Kolb hat diese Verbindung zu unserer Familie ganz persönlich und doch respektvoll empfunden. Konkrete Dokumente oder sonstige Hinweise sind uns aber nicht bekannt, sodass man diese Frage nicht zweifelsfrei beantworten kann. Falls das Gerücht zutrifft, käme wohl am ehesten Herzog Max in Bayern als Vater in

Frage. Vielleicht hat dieses Bewusstsein bei der engen und wirklich vertrauensvollen freundschaftlichen Verbindung zwischen Annette Kolb und mir im Hintergrund auch mitgespielt.« Königlicher kann ein »Ja« nicht formuliert werden … Ach ja, die Tradition der Kuckuckskinder: Wie war das mit dem »Kaiser« Franz Beckenbauer und der außerhäusigen Weihnachtsfeier, der ein Kindlein entsprang? Und wie war das mit »König« Horst Seehofer, dem bayerischen Ministerpräsidenten? Er hält halt auf Tradition, der Bayer.

Drei frohsinnige, festfreudige, glänzende Grazien

OB JETZT GRUPPENSEX in Münchens Traditionshaus der käuflichen Liebe, dem Leierkasten, stattfindet, wohl eher nicht, lassen wir mal dahingestellt. Auf jeden Fall hat sich der Laden neu aufgerüscht. Die Verführdame mit den langen roten Fingernägeln, die einst den Fremden lockte, auf das er dem Motto des Hauses gerecht werde »Du kommst als Fremder und gehst als Gast«, ist erdbeermundrot übertüncht. Jetzt rekelt sich ein junges Kurvenweib auf der Fassade. Im gutbürgerlichen Gelsenkirchner Barock säumen Kronleuchter-Laternen den Weg ins Lustspielhaus für Kunstkenner der Horizontale. Damals, anno 1972, kurz vor der Olympiade, wurde noch mitten im Zentrum am Hauptbahnhof die Kunst der Liebe gepflegt. Das edle Haus sollte geschlossen werden, zog aber dann – Mann wird sich freuen – in die Ingolstädter Straße um. Im 2014 neu eröffneten Haus macht man auf Kultur, und so ist hinter der Bar ein rundes Guckloch zu sehen, hinter dem sich drei nackte Grazien rekeln. Ein bekanntes Motiv aus der bildenden Kunst:

Die drei Töchter des Weiberhelden Zeus und der Eurynome heißen Euphrosyne (»Frohsinn«), Thalia (auch Thaleia, »Festfreude«) und Aglaia (»die Glänzende«).

Sie wurden meist unbekleidet dargestellt, wie sie sich gegenseitig berühren oder umarmen. König Ludwig I., der alte Schwerenöter, hat einmal über die drei Grazien aus Stein gesagt: Sie seien so schön, so rein und so göttlich. Und der musste es ja wissen, vermutlich kann er, was die Anzahl seiner sexuellen Eskapaden angeht, so manchen Freier des Leierkastens um Längen schlagen.

Unter den strengen Augen der Muttergottes

KÖNIG LUDWIG II. soll auf seinem Schweizer Haus bei Partenkirchen jede Menge Statuen nackter Männer gehabt haben, die nach seinem Tod schnellstmöglich entfernt wurden. So erzählt man sich in Partenkirchen. Einer der originellsten Grabsteine auf dem Alten Südlichen Friedhof in München ist der von Anton Pössenbacher, denn er ist in der Form einer Bank gestaltet. Da weiß man doch gleich, mit wem man es hier zu tun hat. Mit einem Möbelmacher, und zwar mit einem der bedeutendsten des Historismus. Das waren diese großen Möbel, bei denen das Bett so groß war, wie heute die Küchen groß sind. Pössenbacher hat auch das Bett von König Ludwig in Schloss Neuschwanstein gemacht. Und da drin hängt, man muss genau hinschauen, ein Bild von der Muttergottes. Eigentlich nicht ungewöhnlich, denn König Ludwig II. war religiös, wie es sich für einen König gehört, war er doch König »von Gottes Gnaden«. Und die Madonna hinter dem Bett schaute argwöhnisch auf die Stelle des königlichen Körpers, die er selbst als Kunis zu bezeichnen pflegte und von der er in seinen zahlreichen Tagebucheinträgen schreiben sollte: »Nie wieder die Hände da unten«.

Man wusste ja auch dank eines durchaus fortschrittlichen Medizinbuches jener Zeit, was einem mit der Krankheit namens »Onanie« blüht! Schwindsucht, Minderung der Sehkraft, Störungen der Verdauung, Impotenz, Wahnsinn und elender Tod – um nur mal so die wichtigsten Krankheitsfolgen zu nennen. Medikalisierung heißt der Prozess, der kulturelle Phänomene medizinisch deutet, die zuvor medizinisch nicht als Krankheit eingestuft wurden. Jede Zeit hat ihre eigene Krankheit. Nebenbei bemerkt: Nach heutigen Maßstäben soll König Ludwig auch unter ADHS gelitten haben. Und seine Schwippcousine Sisi auch. Nur wusste man damals noch nichts von dieser »Krankheit«.

Die Schwester Sophie

SISIS SCHWESTER SOPHIE wurde sexueller Abartigkeit bezichtigt, nur weil sie sich in ihren Arzt verliebt hatte. Ihr Bruder Carl Theodor wandte sich daraufhin an den bekannten Psychiater Professor Richard von Krafft-Ebing. Der führte in der Nähe von Graz ein Sanatorium für adelige Frauen, die an »sexuellen Abartigkeiten« litten. Hier behandelten die Ärzte Sophie mit Schocktherapien: So wurde zum Beispiel direkt neben dem Kopf der Kranken eine Pistole abgeschossen. Weiterhin versuchte man sie durch kalte Güsse zu heilen. Besonders beliebt war jedoch eine Zugsalbe, die den Patienten auf den Kopf gestrichen wurde, um dem Gehirn die Auslöser für das anormale Verhalten auszutreiben. Zusätzlich musste Sophie hypnotische Sitzungen über sich ergehen lassen. Schließlich verursachten diese Behandlungen bei Sophie einen religiösen Wahn: Sie glaubte zuletzt sogar, alle Sünden der Welt durchleiden zu müssen. Natürlich waren es allesamt Männer, die bei Frauen eine Diagnose stellten, die Nymphomanie lautete. Ursache dieses schrecklichen Leidens waren ihrer Ansicht nach das Hören von romantischer Musik und das Lesen von unangemessenen Büchern. Eine vollkommen »unangemessene« Lektüre waren Romane, in denen Frauen ihre Gefühls- und Gedankenwelt schilderten und ihre Sicht darstellen konnten. Königin Marie, die Mutter des extrem belesenen Königs Ludwig II., hat im Alter voller Stolz gesagt, nie ein einziges Buch gelesen zu haben. Sie wollte damit wohl nur zeigen, dass sie sich nie unangemessen benommen hatte. War eine Frau depressiv, wie Sophie, oder hatte sie Epilepsie, dann konnte das nur von ihrem ungebührlichen Sexualverhalten kommen. Und wenn gar nichts mehr half, dann versuchten anerkannte Gynäkologen auch mal durch eine Beschneidung der Klitoris Besserung zu erreichen.

Professor von Krafft-Ebings Arbeiten inspirierten Dr. Albert Moll zu einem Buch »Die conträre Sexualempfindung«, in dem er sich auch zum Thema Onanie äußerte: »Die geistige Onanie ist ohne alle Unkeuschheit des Körpers möglich; sie besteht in der Anfüllung und Erhitzung der Phantasie mit schlüpfrigen und wollüstigen Bildern.« König Ludwigs Homosexualität beschrieb er als »conträre Sexualempfindung«, die als typisch für den »pathologischen« homosexuellen Geschlechtstrieb galt. Sie war nun nicht mehr nur eine Sünde und ein Strafbestand, sie war von nun an eine Krankheit.

Busengeschichten

MAN GLAUBT ES NICHT, welche Fälle der Münchner Beschwerdestelle für Sexismus so gemeldet werden. Seit 2006 gibt es diese Stelle, doch erst, seit die Missbrauchsfälle der katholischen Kirche bekannt wurden, melden sich immer mehr Menschen, fast ausschließlich Frauen. Da wurde das schöne neue Kleid bewundert mit anzüglichem Blick aufs Dekolleté, da wird

Grapschen erlaubt! Und wenn er und sie gemeinsam hinlangen, dann bleiben sie zusammen!

zufälligerweise durch die Umkleidekabine gelaufen, zufällige Berührungen gibt es sowieso. Es gibt aber einen Fall in München, da darf man anfassen. Auch Japaner langen da gerne hin – bei der Julia neben dem Alten Rathaus. Sie ist ein Geschenk der Sparkasse Verona an die Partnerstadt München anlässlich des 150-jährigen Bestehens der Münchner Stadtsparkasse. Allen, die eine neue Geliebte suchen, soll sie Glück bringen. Abgegriffen wie Julias schöner rechter Busen ist, müssen ziemlich viele Männer Sehnsucht nach einer Frau haben ... Hätten die Männer ohne Gefährtin mal das Maul des Ebers vor dem Jagdmuseum gestreichelt. Denn das sorgt dafür, dass einem die Liebe für immer bleiben wird.

Und ewig lockt die Sünde

In der Schönheitengalerie in Schloss Nymphenburg gibt es das Bild der Lady Jane Ellenborough. Prototyp der schönen, sexuell selbstbestimmten »Münchnerin«, bei der es unwesentlich ist, ob sie ursprünglich aus München war. Jane Ellenborough soll gesagt haben: »Wenn es durch Zufall eines Tages wirklich passieren sollte, dass sich ein Mann mir nicht nähert, dann bekäme ich so starke Kopfschmerzen, dass ich sterben würde.« Nun, wie es scheint, hatte Lady Jane selten Kopfschmerzen. Architekt Leo von Klenze gar war außer sich für Entzücken über die Schönheit der Dame, die er einer »gleichsam den Fluthen des Meers wie Aphrodite Anadyomene« entstiegen verglich. Und so wird sie auch in der Schönheitengalerie dargestellt, denn das Meer im Hintergrund ist nicht ohne Absicht dahin gemalt, ist es doch ein Meeresbusen, der Geburtsort der Aphrodite. Zu ihren vielen Liebhabern zählten unter anderem angeblich auch König Ludwig I. und König Otto von Griechenland.

Einen veritablen Männerverschleiß hatte auch die amerikanische Künstlerin Mae West, die am Broadway und in Hollywood Karriere gemacht hat und für jeden ihrer Lover ein Kissen auf ihrem Sofa deponierte – und ihr Sofa war voll mit vielen, vielen Kissen. Nach der legendären Taille der West ist in München eine Skulptur am Effnerplatz benannt. Die Taille beziehungsweise die Theke wurde auch im über hundert Jahre alten Kultkino Museumslichtspiele mit einem geschnürten schwarz-roten Mieder in Form gebracht. Kultkino – weil hier seit über vierzig Jahren die Rocky Horror Picture Show läuft.

Blick auf blütenweißen Busen unterm Bettlaken

NICOLAUS MANN beschrieb das Bild »Der Anatom« folgendermaßen: »Ein bedeutendes Werk ist der ›Anatom‹ am Seziertisch vor der Leiche eines unglücklichen Mädchens sinnend, in dem Momente wo nach dem Entfliehen der Seele der Zerstörung vertilgende Hand die Linien der Schönheit noch nicht hinweggelöscht hat.« Im Museumskatalog wird das Bild als ein unheimliches Rührstück beschrieben. Wie wäre es, wenn man den Anatom einfach als einen lüsternen verheirateten Mann beschreibt, der einer schönen jungen toten Frau auf den Busen starrt? Der nicht in gelehrter Absicht auf sie schaut, auch wenn er noch so viele Requisiten eines Gelehrten im Zimmer aufstapelt. Wie sagte Edgar Allan Poe: »Der Tod einer schönen Frau ist das poetischste Thema der Welt.« Der Anatom, der ihr gerade das Bettlaken über ihrer blütenweißen schönen Brust lüftet, scheint sich das auch zu denken. Vielsagend, rätselhaft, ein Produkt des 19. Jahrhunderts ist dieses Bild ebenso wie sein Maler, Gabriel von Max. Unter anderem hatte er sich intensiv mit den Themen Schlafwandeln, Hypnose, Spiritismus, Darwinismus, fernöstliche Philosophie und den Gedanken Arthur Schopenhauers auseinandergesetzt. Dazu hielt er in seiner Wohnung in München einige lebhafte Affen. Und so kommt es, dass in der Neuen Pinakothek zwei Bilder weiter links von dem lüsternen Gelehrten das Bild von Gabriel Max hängt mit den Affen. Diesmal handelt es sich aber nicht um eine versteckte Anspielung auf verklemmte bürgerliche Moral, sondern auf die banausenhaften Kritiker von Richard Wagner – von Kritikern, die keine Ahnung von Musik hatten und deshalb Richard Wagners Musik in Grund und Boden schrieben.

Süße Sünden

ES IST EIN ALTES, nicht ausrottbares Vorurteil, dass Frauen die Schokoladenesserinnen sind. Sind sie nicht. Man muss nur mal in das Geschäft »Sama-Sama« in der Westenriederstraße gehen, wo auffällig viele Männer wie Kinder ins Schlaraffenland hineinschleichen. Nun gibt es in der Westenriederstraße, die vom Viktualienmarkt abgeht, eh eine ganze Reihe kleiner feiner Geschäfte, aber dieser Laden bietet schlichtweg einen Augen- und Gaumenschmaus. Gleich links neben der Eingangstür werden die köstlichen Kunstwerke kreiert, man kann dabei zuschauen. Kunstwerke aus Nougat, Marzipan, exotischen Früchten, dekoriert mit kandierten Veilchen, gezuckerten Rosenblättern, Goldflitter. Mehr als hundertfünfzig Pralinenschöpfungen gibt es hier, die man nur hier und nirgendwo anders findet. Wie wär's mit den »köstlichen Brüstchen«? Oder mit der Moshammer-König-Ludwig-Praline – sündig-schön, wie es der junge König Ludwig einst war, und die zu Lebzeiten von Moshammer dessen Lieblingspraline war – Moshammer war guter Kunde im Geschäft. Wilhelmine Raabe, die Pralinenkünstlerin, erzählt, dass an König Ludwigs Geburtstag ältere Damen diese Praline kaufen, um sie dem König auf seinen Sarg in der Michaelskirche zu legen. Auf dass er doch da drüben oder dort oben oder wo auch immer nicht auf seinen Lieblingsgeschmack Veilchen und Heidelbeeren verzichten muss. *Ja so samma.* So richtig in Schwung gekommen ist der Pralinenverkauf erst nach dem Film »Chocolat«, nach dem die Leute nur so in ihr Geschäft strömten. Viele davon kommen bis heute immer wieder. *Sama-Sama* – das ist übrigens indonesisch und bedeutet »Bitte schön, gern geschehen.« Wilhelmine Raabe meint es wörtlich.

Der Faun in der Glyptothek ist bekannt. Aber diesen schönen Prachtkerl im ersten Stock in der Universität kennt fast keiner. Dabei ist er einfach nur perfekt!

Sinnlicher kann einer nicht sein

EIN MÜNCHEN-LESEBUCH kommt in Sachen Erotik einfach nicht um den »Faun« herum. Erotischer kann eine Statue nicht sein. Der Typ ist die reine Sinnlichkeit, der Typ ist unglaublich sexy. Und zwar für beide Geschlechter. »Wer das Museum betritt, wo ihn schon vor der Kasse der zauberhafte Knabe mit der Gans empfängt, der wird unweigerlich von einer Skulptur in die westliche Raumflucht gelockt, gezogen, verführt – von jenem berüchtigten, 1810 aus der Sammlung Barberini erstandenen Faun. Wie soll man ihn noch beschreiben? Vielleicht mit einem Komparativ, den die deutsche Sprache verbietet: Nackter kann ein Mann nicht sein. Wie er sich rekelt, hingegossen, offen, das ist, Kunst hin oder her, reiner Porno. […] Man kann kaum über diese Statue sprechen, ohne in eine Begeisterung zu verfallen, die mir fremd ist«, schrieb Julien Green in »Statuen sprechen«, 1950. Dem vermutlich um 220 v. Chr. geschaffenen Prachtkerl fehlten das rechte Bein, Teile beider Hände und des Kopfes. Ausgerechnet ein Mann der Kirche, Kardinal Maffeo Barberini, hatte den berühmten Gian Lorenzo Bernini im 17. Jahrhundert mit einer Restaurierung beauftragt, die den Faun nicht nur barockisierte, sondern auch mehr sexualisierte.

Viele Abbildungen von solchen Prachtmännern mit Superbodies sind auch in der »Deutschen Eiche« zu finden, dem Traditionslokal im Glockenbachviertel. Die Münchner Institution, wo schon Rainer Werner Fassbinder verkehrte und die heute das Epizentrum der Homowelt im Stadtteilviertel ist, in der aber auch Heteros sehr gerne gesehen sind.

Lass die Badehose aus

ES IST SCHON EIGENARTIG, dass ein marmorner Kerl, der einfach nur die pure Sinnlichkeit ist, keine öffentliche Aufregung verursachte. Einerseits. Aber andererseits ist der ja aus der Antike, und was die anbetrifft: »Ein Schuft, der Schlechtes dabei denkt.« Die Antike war rein und heilig und über jeden Zweifel erhaben. Und selbst Päderasten, die man heute Kinderschänder nennt, galten meist als hehre Liebende – weiser alter Mann und junger Knabe.

Nanu. Alter Mann und junger Knabe – was geht da vor sich? Und nicht einmal eine Badehose hat der Junge an!

Vielleicht ist es das unterschwellig Erotische des »Faun mit Knabe«, eines Brunnens in der Fußgängerzone in der Neuhauserstraße, der damals die Gemüter hochkochen ließ. 1892 war der Brunnen die Attraktion der Internationalen Kunstausstellung im Glaspalast am Alten Botanischen Garten. Das Brunnenbuberl gibt es noch, der Glaspalast ist 1931 abgebrannt. Der Brunnen stellt einen mit Weinlaub geschmückten Satyr dar, aus dessen Brust ein Wasserstrahl auf einen grazilen nackten Jungen sprudelt, der das Nass abwehren möchte. Alles ganz heiter, aber unterschwellig eben mehr. Und das wird es gewesen sein, was seinerzeit die Öffentlichkeit derart aufbrachte, man war regelrecht schockiert ob der Nacktheit des Knaben, dessen kleiner Penis unschuldiger nicht wirken könnte. Man dachte also an eine Kastration der Figur. Wahlweise. Die Damen schauten extra vorbei, um die Sünde selbst in Augenschein zu nehmen. Der Junge sollte in ein Mädchen umgewandelt werden, man dachte auch an das Anbringen eines Feigenblattes. Matthias Gasteiger, der Künstler, erhielt an die dreihundert Badehöschen für den Jungen. Prinzregent Luitpold bemühte sich persönlich in das Atelier – es half alles nichts. Gasteiger blieb stur, und so ist der arme Junge noch heute nackt. Aber keiner findet ihn mehr anstößig. Das ist doch der eigentliche Skandal!

Es gibt auch noch andere sexuell deutbare Symbole in der Stadt, über die sich keiner aufregt und wo im Grunde auch keiner mehr hinguckt. Ein Beispiel ist der Obelisk am Karolinenplatz. Immerhin stellt er eine Verbindung zwischen Erde (Menschen) und Himmel (Göttern) beziehungsweise Sonne dar und ist ein phallisches Symbol, das für männliche Zeugungskraft, Fruchtbarkeit und Erneuerung, für Potenz und Macht, sowie für die Aufwärts- und Höherentwicklung des Menschen zum Licht steht.

Da kam Frau regelrecht ins Schwärmen, angesichts dieser symbolträchtigen Formen.

Nahezu trunken machend

OBELISKEN HAT MAN ja heute nicht mehr, die sind out. Heute baut Mann – wenn er im Wettbewerb »Wer hat den größten?« steht – Hochhäuser. Und da musste Münchens Exbürgermeister Christian Ude ordentlich zurückstecken, als sich sein Vorgänger meldete, der es nicht dulden konnte, dass Ude den größten Hochhausturm hatte. Nach einem entsprechenden Bürgerentscheid dürfen in München künftig keine über hundert Meter hohen Hochhäuser mehr gebaut werden. Das

Ergebnis war knapp. Mit 50,8 Prozent stimmte die Mehrheit der Wähler für die entsprechende Initiative von Alt-Oberbürgermeister Georg Kronawitter (SPD), wie die Stadtverwaltung am Abend mitteilte. Kronawitter fügte damit seinem Parteifreund, dem damals aktuellen Stadtoberhaupt Christian Ude, eine Niederlage zu.

Und die Rolle der Frau? Sie bewundert! Zumindest tat dies eine Autorin der Süddeutschen Zeitung, die im Olympiajahr 1972 in erregtes Schwärmen kam, angesichts der Masten, die das Dach des Olympiastadions halten. »Diese riesigen Gußkörper zum Festklemmen der Randseile, die Mastenköpfe und Netzknotenschrauben« befand sie für derart schön, dass sie meinte, »man sollte zumindest einzelne Musterstücke wie Plastiken aufstellen«. Und sie verkündete, was sie »nahezu trunken gemacht hatte: diesen schönsten der Masten, der den höchsten Zipfel des Daches hält«. Der Spiegel aus Hamburg hingegen sah sie als »die Phallussymbole des Altertums, die Obelisken, stehen die kugelgelagerten Mannesmann-Röhren für ein ›säkulares Ereignis‹«.

Abstraktion durch Übertreibung der Rundungen

ALS DIE STÄMMIGE DAME anlässlich der Olympischen Spiele 1972 ganz hinten im Park nahe dem Radstadion aufgestellt wurde, nicht mit den Füßen nach unten, sondern mit denselben nach oben, da konnte keiner über Geldverschwendung meckern. Sie war nämlich eine Stiftung des Künstlers Martin Mayer, der auch den Keiler vor dem Fischerei- und Jagdmuseum in der Neuhauser Straße gestaltete hat. Die propere Dame mit ihren knackig-fülligen Formen – sie sollten für die »heiteren Spiele« stehen – erregte viel Aufmerksamkeit. Die Stimme des Volkes

Abstraktion durch Übertreibung – das Kunstwerk »Olympia Triumphans« erregte die Gemüter und war umstritten.

machte sich in der Abendzeitung Luft. »Diese Plastik gehört unverzüglich entfernt. Sie ist plump und von üblem faschistoiden Geist. Übrigens, obszön kann so ein ›After-Gemache‹ ja gar nicht wirken, da wäre ihm zu viel Ehre angetan«, eiferte sich ein Dr. med. Deters Grenz. Ein gewisser Günther Fiebig hielt in der gleichen Zeitung dagegen: »Ich halte die aufgestellte Plastik für ein großartiges Kunstwerk wegen der gestrafften Ballung der Formen, der Abstraktion durch Übertreibung der Rundungen und ihrer starken Aussagekraft. In diesem Falle scheint mir ein Teil der Ablehnung in unterschwelligen sexuellen Unausgeglichenheiten zu liegen.« Die Inschrift auf der Kugel, auf die sich »Olympia Triumphans« mit den Händen stützt, lautet: » PER NATURAM AD ARTEM. PER ARTEM AD NATURAM. AD HOMINUM PIETATEM. AD HUMANITATEM EXTRUENDAM.« Alte Lateiner verstehen das natürlich sofort, für alle anderen die Übersetzung: »Triumphierende Olympia. Durch die Natur zur Kunst. Durch die Kunst zur Natur. Dem Menschen zur Erbauung. Der Menschlichkeit zum Aufbau.«

Wölbungen des Sinnlichen

FÜLLIG GESCHWUNGEN sind auch die Münchner Zwiebeltürme, *die* Symbole für Bayern. Der Ursprung der typisch bayerisch-barock anmutenden Zwiebelform verliert sich im Dunkel der Geschichte. Einige Experten sehen im Zwiebelturm eine Nachahmung und Weiterentwicklung der im 7. Jahrhundert errichteten Moschee und des heutigen Felsendoms auf dem Tempelberg in Jerusalem. Womit also der typisch bayerische Zwiebelturm ein typisch arabischer Turm wäre. Andere wiederum sehen in der Zwiebel eine Weiterentwicklung der byzantinischen Kuppel, die man ihrerseits oft in Russland findet. Sicher ist aber, dass die ältesten zwiebelförmigen Kuppeln

»Ha-ha-lä-lä-lu-u-uh – Himmi Herrgott –Saggerament –lu-uuu-iah!«, sog i und jetzt is Schluss!

in Bayern die der Türme der Münchner Frauenkirche sind, die es schon seit 1525 gibt. Die Zwiebelturmform fand eine weite Verbreitung im Zeitalter des Barock und galt – einem Kunstexperten nach »als Synthese aus der Bewegung ins Übersinnliche und dem Verharren in den Wölbungen des Sinnlichen«. Womit sie ja dann doch eindeutig bayerischer Herkunft wäre.

Multikulturell wie der Dom, das Wahrzeichen Münchens, und doch bodenständig ist die Stadt selbst. München gilt keinem als die Einwanderungsstadt, die sie schon längst ist und ohne deren ausländische Arbeitskräfte die Modernisierung der Stadt nicht möglich gewesen wäre. Kaum jemand weiß, dass

München unter allen deutschen Großstädten mit mehr als einer halben Million Einwohner den höchsten Ausländeranteil hat. München ist bayerisch, badisch, griechisch, preußisch, türkisch, arabisch, chinesisch, thailändisch, russisch, aramäisch, schwäbisch, italienisch, um nur einige Nationen zu nennen. Und wie im Hotel Goethe in der Goethestraße gleichermaßen Atatürk, Goethe und König Ludwig II. von der Wand schauen, so herrscht in der ganzen Stadt kein Gegeneinander der Kulturen, sondern ein Miteinander. München leuchtet noch immer. Und nun zum Schluss ein Ausspruch des unvergleichlichen Karl Valentin: »Wer am Ende ist, kann von vorn' anfangen, denn das Ende ist der Anfang von der anderen Seite.«

Bildnachweis

S. 8/9: Tobias Arhelger/fotolia; S. 42/43: LightingKreative/fotolia; S. 67: Isabel Christensen/Medical Art and More; S. 88: bpk | Bayerische Staatsgemäldesammlungen; S. 93: © BMW AG; S. 120/121: munich1/fotolia; S. 134: © Bavaria Film/Karlheinz Vogelmann; S. 152/153: bonciutoma/fotolia; alle übrigen Fotos: Cornelia Ziegler (cziegler@t-online.de).

Abbildungen Umschlag: Gary – Fotolia; Kostas Pavlou; steschum – Fotolia (2x); E. Schittenhelm – Fotolia; david@engel.ac; Foto-Ruhrgebiet; ©2011 Brandon A Gibbs; Westend61 / ah_fotobox – Fotolia; ArTo – Fotolia; © Copyright 2013 Andrey Omelyanchuk; sonjanovak – Fotolia;